ドイツの
介護保険改革

小磯 明 著

同時代社

はしがき

　本書のタイトル「ドイツの介護保険改革」は、2005年、2012年、2017年の視察調査を経ての率直な感想から付けました。タイトルが大きく内容が追いついているかどうか少し心配なところもありますが、2008年、2012年、2015〜2017年の10年間の介護改革について述べていますので、お許し願いたいと思います。また、本書で取り上げた事例も、バーデン・ヴュルテンベルク州・エメンディンゲン、バイエルン州・ケーニッヒスブルン、バイエルン州・ミュンヘン、ヘッセン州・グロース＝ゲーラウ、ヘッセン州・フランクフルトと限定的です。「介護強化法を中心に」といった副題を付けるか迷いましたが、私の中ではずっとドイツの介護保険のことを追い続けてきたという気持ちもあって、あえてこのタイトルにしました。

　私は2015年に『ドイツのエネルギー協同組合』を出版しており、本書第Ⅰ部は、そのときの2012年調査によるものです。2011年の福島原子力発電所事故の翌年にドイツの再生可能エネルギーについてフライブルクを中心として周辺地域での取り組みを学びに行ったこともあって、原発に頼らない再生可能エネルギーが急拡大するドイツに驚いて帰国したことを今でも覚えています。

　さて、2005年からヨーロッパの国々を定点調査してきたのですが、2019年12月から始まった新型コロナウイルス感染症のパンデミックによって、2020年に企画していたイタリア調査が頓挫し、今日に至るまで海外調査はもちろん国内調査も一切できませんでした。本書をまとめている2023年3月において、政府はやっと5月8日から現在の2類相当から5類へ変更する方針を決めましたので、これで国内外の調査活動もやっと再開できるものと考えます。

　コロナ禍の3年間はいろいろなことがありました。私もコロナに感染し、つらい思いをしましたし、社会全体としては息が詰まるような日々だったと思い返すのですが、私自身は意外と充実した日々だったと考えています。それは働く環境が変わったことや新たな学び直しの機会を得るなど、これまでフィールドワーク中心の研究を進めてきたのを、コロナ禍で一度中断せざるを得なかったことがき

っかけだったことは事実です。

　何事も社会の出来事をマイナスと捉えるかプラスと捉えるかで、考え方や行動の仕方も異なってくるものです。失うものも多かったかもしれませんが、おかげで後ろを振り返らず前だけを見て生活してきた3年間だったように思います。本書の制作も、改めて前に進むための第一歩としてまとめたものです。

　ドイツの介護保険制度に関心のある方はもちろんですが、認知症国家戦略の現場での実践であるアルツハイマー協会のことや、高齢者総合施設のこと、そして定番のゾチアルスタチオンの事例なども紹介していますので、ドイツという国に関心のある多くの方々に本書を手に取っていただけるよう、心から願うばかりです。

　新型コロナウイルス感染症のパンデミックを超えて

2023年5月　　著者

目　次

第Ⅱ部　介護強化法（2015 ～ 2017 年）と現場の実践

図表・写真目次

（写真は、特に断りがない限り、現場で撮影許可を得て、筆者が撮影したものです。）

序 章 本書の目的と調査の概要

1. 本書の目的

　本書は、後述する２つの視察調査の介護保険の部分を取り出してまとめたものであり、ドイツの介護保険の制度改革の内容と現場での取り組みに焦点を当てた著書です。

　日本に先んじて制度化されたドイツの介護保険は、これまでも定点調査してきましたが、ドイツの介護保険改革もやっと一定の成果をまとめることができるのではないかという期待を込めて、本書を執筆することとしました。

　したがって本書は、ドイツの介護保険改革についての視察調査の報告書であり、2005 年以来の定点調査の一定の成果物と考えています。

　本書は、日本とドイツの介護保険制度の取り組みについて比較することを通じて、日本にもドイツの良いところを取り入れることができるのではないかという、国際比較研究の定番的な目的をもって執筆し、まとめることとしたものです。

2. 視察調査の概要

(1) ドイツの非営利・協同の医療と脱原発の地域電力事業の調査

　本書第 I 部は、2012 年 11 月 3 日から 11 日にかけて行った、「ドイツの非営利・協同の医療と脱原発の地域電力事業を見る」視察と調査です。医師、弁護士、公認会計士、税理士、看護師、大学教授、研究所研究員等の 15 名の参加で実施されました。視察の実施主体は、「非営利・協同総合研究所いのちとくらし」です。主な訪問先

は医療・福祉分野では高齢者施設や民間非営利病院、地域電力事業については2012年3月に来日したエアハルト・シュルツ（Erhard Schulz）氏の協力を得て、フライブルク市内とその周辺地域における脱原発の実践を視察し、シェーナウの電力供給協同組合を訪問しました。自然エネルギーに関する研究報告書の詳細は、『ドイツのエネルギー協同組合』（2015）として出版済みです。

　AWO運営の高齢者施設とドイツの介護保険については、次のように述べることができます。

　AWO（労働者福祉団体）は、労働者の生活を維持・救済するものとして社会民主党マリー・ユカッツ氏がアイデアを出し、1919年から始まりました。ナチス時代には解体されましたが戦後に復活し、東ドイツ側にも統一後に広まりました。本部はベルリンにあり、各州に州本部があります。会員は約40万人、職員は看護師・介護士など約17.3万人です。AWOは子どもたちの学童保育や幼稚園、DVを受けた女性の保護施設、アルコール中毒患者らのクリニック、高齢者・精神障害者のホームなどを運営しています。中立の立場で運営され、会員でなくても施設利用の対象になります。外国人、イスラム教徒も対象になります。

　ドイツ国内にはもともと大きな福祉団体は6つあり（ドイツ赤十字、カトリック系のカリタス、プロテスタント系のディアコニー、パリテート福祉団体、ユダヤ中央福祉会、労働者福祉団体（AWO））、この6団体合同組織もあります。ミュンヘン市の老人サービスセンターは26カ所あり、カリタスその他の団体とともにAWOも受託運営しています。その場合、90％は市、10％は各団体が負担します。老人サービスセンターは高齢者の生活向上に向け、生活の相談にのるもので、デイサービスとは別に語学講座、ランチサービス、みんなでクリスマスのお祝いなどを行っていました。

　この調査では、ケーニッヒスブルンにある高齢者施設を視察しました。ケーニッヒスブルンはアウグスブルク郊外の町で、1940年代は人口が2,800人でしたが、東欧からの避難民や空軍基地の存在、アウグスブルクからの移住などもあり、2012年には2万8,000人になったといいます。高齢者施設は2004年に設立されました。行政が誘致し、運営をAWOが行っています。周辺は施設ができる前

は何もなかったそうですが、現在は新興住宅街となっています。

　見学の前にドイツの制度全般について学習しました。施設によっ
て金額に差はありますが、要介護度Ⅰの場合、施設利用料の自己負
担額は約60％で、残りは介護金庫が支払います。自己負担が全額
できない場合のため市民保険（Burger 保険）を検討中であり、強
制保険か任意かも検討中とのことでした。行政による負担はこの
AWO で35％、ドイツ全体でも約3分の1になるといいます。介
護保険開始時よりもコストが2倍になっているので負担が増えてい
るそうです。

　以下、フライブルク、シェーナウ EWS を中心とする脱原発の視
察をしましたが、本書では省略しています。

(2)　ドイツの介護保険・認知症ケア・在宅ホスピス視察調査

　本書第Ⅱ部は、2017 年8月26日から9月3日までの9日間では
ありましたが、ドイツ・フランクフルトとミュンヘンを視察してき
た、その研究報告です。ドイツでは、介護保険改正で軽度者にも給
付を拡大しました。認知症ケアと在宅緩和ケアについても、新たな
取り組みを始めていました。また、複合型高齢者施設など、ドイツ
らしい新たな住宅造りにも着手していました。このような、ドイツ
の最新事情を視察してきました。

　フランクフルトでは、8月28日（3日目）は、午前中は滞在中の
ホテルで「ドイツの介護保険（強化法）などの現状について」のレ
クチャーを受けました。講師は、吉田恵子さんでした。ドイツの医
療・介護について詳しく説明を受け、大変勉強になりました。午後
は、在宅緩和ケアチーム「SAPV チーム」（PALLIATIVTEAM
HOCHTAUNUS）を訪問し、ロベルト・ゲルトナー医師（Dr.
Robert Geartner）から「在宅緩和ケア（終末期ケア）の実際と実
績について」のレクチャーを受けました。

　29 日（4日目）は、午前中はアルツハイマー協会リュッセルスハ
イム支部を訪問しました。ボランティア理事のペーター・ボイメル
（Peter Bojmel）さんから挨拶をいただきました。アルツハイマー
協会が入居する建物は市の建物でした。その建物の責任者として、
リュッセルスハイム市からアネテ・メルケルバッハ（Anete

Merkelbach）さんが挨拶しました。クリスタ・シュナイダー（Christa Schneider）さんからはボランティア活動について説明を聞き、マティルデ・シュミッツさん（アルツハイマー協会事務局長）からは、アルツハイマー協会の活動について説明を受けました。

　午後はディアコニー・ゾチアルスタチオン（キリスト教新教徒のケアセンター）を訪問し、ディアコニー・フランクフルト社長のヘルムート・ウルリッヒ（Helmut Ulrich）さんから、概要紹介と活動についてレクチャーを受けました。

　30日（5日目）午前中は、フーフェラント高齢者総合施設を訪問しました。マルクス・フェルナー（Markus Förner）さんとペトラ・エンゼロース（Petra Enseroth）さんの案内で、フーフェラントハウス（Hufenland Haus）内を視察し、ミッション、歴史、現状などについて聞くことができました。午後は空路でミュンヘンへ移動しました（55分のフライト）。

　ミュンヘンでは、31日（6日目）午前中は、バルマージーゲ・ブルダー・ヨハネスホスピス・ミュンヘン（Barmherzige Brüder Johannes-Hospiz München）を訪問しました。所長のグレゴリー・リンネマン（Gregor Linnemann）さんから説明を受けました。ホスピスは緩和ケアステーションです。午後は、すぐ横に所在するバルマージーゲ・ブルダー病院ミュンヘン（Krankenhaus Barmherzige brüder München）のカフェテリアで昼食をとりました。その後で、病院のマーカス・シュレマー医師（Dr. med. Marcus Schlemmer）から「在宅緩和ケア」についてのレクチャーを受けました。同様に、看護部長のクリスティーヌ・グロスマン（Christine Großmann）さんからも説明を受けました。

　9月1日（7日目）午前中は、「多世代型複合施設 WAGNIS」を訪問しました。名称は「ワグニス・ボーンバオ・ゲノッセンシャフト：wagnis-die Wohnbaugenossenschaft」と言います。「ゲノッセンシャフト」は「協同組合」です。簡単に言えば、「協同組合」が運営する「住宅」です。ドイツでは現在流行りの住宅だそうです。当日の朝、私たちを出向かえてくれるはずであった管理人の子が熱を出して出迎えなしになるというハプニングが起きました。海外ではハプニングは付き物ですが、これでは午前中がまったく無駄にな

ってしまいます。私たちが途方にくれながら勝手に住宅の中庭を見て回っていると、住人の方に出会いました。事情を説明したところ、日本びいきの別の住人の方（女性）が私たちを案内してくれることになりました。彼女の案内で、私たちはハウスの隅々まで見学することができました。しかも彼女は、自分の家に私たちを招待してくれて、住居の中を見せて説明してくれました。彼女の家には障子があったのには驚きでした。さすが日本びいきと思い、お礼を言って外に出ると、ドアには魔除けだといって鳥居がかけてあって、また驚きました。

　午後はミュンヘン市内のカリタスのゾチアルスタチオンを訪問しました。2003 年から理事長をしているというゲルハルト・クルーグ（Gerhard Krug）さんのレクチャーと、マネジャーのアレキサンダー・グラース（Alexander Glas）さんのレクチャーを受けました。

　9 月 2 日（8 日目）は帰国日でミュンヘン空港から出国し、翌 3 日（9 日目）朝に羽田空港に到着しました。

　日本への示唆について述べておきます。

　南ドイツだけではありましたが、3 度目のドイツ視察調査のおかげで、今回の調査の目玉であったドイツの介護保険（強化法）などの現状について、改正の背景や狙いなど、現場でのレクチャーも一定程度理解することができました。

　今回の改正により、認知症の人のための世話や見守りも、身体的な介護と同様に評価されることになりました。時間ではなく自立の程度、つまり介護の「必要度」で判断される要介護の新しい概念が導入されました。これにより分刻みのような無理強いもなくなりました。ドイツにおける要介護の新しい概念の導入やリハビリテーション志向の介護（rehabilitationsorientierten pflege）、また介護と仕事の両立を拡充する「家族介護時間法」（FPfZG）による介護休暇の拡充などは、多くの示唆に富み、日本が介護保険を見直す上で参考になると考えられました。

　そして、ドイツの緩和ケアの取り組みについても、一定程度の理解はできたと考えます。しかし、緩和ケアや介護保険について、現場での本格的取り組みはこれからのように思われました。

フーフェラント高齢者総合施設の訪問は刺激的でした。日本にもこのような高齢者総合施設があるとよいと考えました。「多世代型複合施設 WAGNIS」の訪問では、協同組合が運営主体となっていたことは、大変ドイツらしいと思いました。日本でも住まいの問題が社会保障の文脈で最近やっと語られるようになりましたが、ヨーロッパの住まい政策は歴史が古いこともあって大変興味深く、やはりまだまだ住まいについては研究課題と思われました。

　この視察調査を踏まえて、なお今後も定点調査の必要性を強く感じました。

　以上が、第Ⅱ部の視察調査の概要ですが、本書で取り上げたのは医療を除く介護保険改革についてです。

3.　本書の構成

　本書は、大きく分けると「第Ⅰ部　2008・2012年改革と介護施設」と「第Ⅱ部　介護強化法（2015 ～ 2017年）と現場の実践」の2部構成です。本書は前述した2つの視察調査をもとに執筆した原稿をまとめたものであるため、このような構成となっています。同じ理由から、第Ⅰ部よりも第Ⅱ部の執筆の方がボリュームが多くなっています。

　第Ⅰ部の第1章は、2008年の介護発展法と2012年の介護保険新展開法という2つのドイツの介護保険改革について、概要を述べています。そして第2章は、第1章を受ける形で、2012年に視察調査したドイツの高齢者介護施設について、エメンディンゲンの高齢者介護施設とケーニッヒスブルンのAWOシニアホームの事例を紹介しています。第2章のまとめとして、2012年調査からの示唆を、ケーニッヒスブルンのAWO高齢者施設の視察調査を中心に述べています。

　第Ⅱ部の第3章は、2015年から17年にかけて施行されたドイツの介護強化法について述べています。第3章は、2008年改革と2012年改革を受けての改革であるとの認識が重要です。介護強化法の受け止め方を知る目的で、第4章以下の施設を訪問しました。アルツハイマー協会リュッセルスハイム支部の訪問は、当時の欧州

で取り組まれていた認知症国家戦略の現場での取り組みを知ること
が目的でした。第5章のディアコニースタチオン・フランクフル
ト・アム・マインは、ケアセンターの活動と介護改革の受け止め方
を知ることが目的でした。第6章のフーフェラント高齢者総合施設
は、高齢者施設の機能や実際の取り組みを知りたくて訪問したもの
です。日本の特別養護老人ホームとの違いや似ているところなど、
感じ取ることが目的でした。第7章のソーシャルステーション・ベ
ルグアムライム・ウント・トゥルーディング非営利有限会社は、ド
イツでは定番のソーシャルステーションの視察ではありますが、や
はり介護強化法を受けて現場がどのような取り組みを始めようとし
ているかを知ることが目的でした。

　以上のように、本書における内容は、第Ⅱ部の介護強化法の方に
力点が置かれていますが、それは第Ⅰ部の2008年と2012年の2つ
の改革の延長線上での介護政策の強化という見方が正しいと考えて
います。ともすると、介護強化法だけに目がゆきがちですが、第1
部と第Ⅱ部の両方を知ることは、とても重要と考えています。

文献

小磯明『ドイツのエネルギー協同組合』同時代社、2015年。

第Ⅰ部　2008・2012年改革と介護施設

第1章 ドイツの介護保険改革
（2008 年と 2012 年の改革）

フランクフルト市街の広場でくつろぐ市民

1. 新たな2つの改革

　ドイツで介護保険制度が発足して 15 年余りが経過しました（視察当時）。介護保険は国民生活にとって不可欠な制度として定着していますが、同時にまた介護保険をもっと役立つ制度にするための改革が試みられています。そのきっかけになったのは、増え続ける認知症高齢者に対する対応の不十分さが顕著になってきたことです。それに対応して、2008 年に制度発足以来初めて大きな改革が実施されました。「要介護度ゼロ」と認定された認知症高齢者への給付を増額したのをはじめ、在宅介護における給付水準の引き上げ、

ケースマネジメントや介護支援拠点の導入、高齢者向け居住共同体の促進、介護休暇の導入などの給付改善や、保険料率の引き上げなどが行われました。

2009 年に中道左派の大連立政権から中道右派の連立政権へと変わったのに伴い、新たな改革が模索されてきましたが、2013 年から実施を目指してきた 2 つの改革が取りまとめられました。

1 つは「介護保険新展開法案」です。認知症の人への給付の引き上げ、高齢者向けの居住共同体の積極的な拡大、介護の質を高めるための審査の強化と透明性の確保、新たな要介護概念と認定基準の導入のための検討、0.1％の保険料率引き上げなどが盛り込まれていました。

もう 1 つは「新介護職法案」で、従来の介護職（老人看護師、看護師、小児看護師）の資格を統合し、新たな介護職の育成制度を導入することを目的に、そのための新たな職業資格、教育課程、卒後研修などを定めた法案でした。それらの改革の方向性をみると、単に自己決定に基づく自立した生活、人間の尊厳にふさわしい生活を営むことを支援し、高齢社会における生活や地域社会のあり様を変えていこうとしているように考えられます。

2.　介護保険の実施状況

まず被保険者数をみると、2011 年 12 月末現在、公的介護保険の被保険者数は 6,948 万人、民間介護保険の被保険者数は 950 万人となっています。1996 年からの推移をみると、公的介護保険の被保険者が約 278 万人減少し、民間介護保険の被保険者が約 214 万人減少しています。ドイツの介護保険の保険者（介護金庫）は医療保険の保険者（疾病金庫）が兼ねており、被保険者も医療保険と重なり合っているので、この増減は医療保険によるところが大きいと考えられます。

次に受給者数をみてみます。**表 1-1** にみられるように、2011 年 12 月末現在の在宅介護の受給者が約 160 万人、施設介護の受給者が約 72 万人となっています。受給者の推移をみると、在宅介護受給者は 1996 年から 2004 年にかけて約 14 万人増加していますが、

表 1-1　要介護度別受給者数の推移

（単位：千人、％）

	在宅介護				施設介護			
	要介護度Ⅰ	要介護度Ⅱ	要介護度Ⅲ	計	要介護度Ⅰ	要介護度Ⅱ	要介護度Ⅲ	計
1996年	508 (43.7)	507 (43.6)	146 (12.6)	1,162 (100.0)	112 (29.1)	163 (42.3)	110 (28.6)	385 (100.0)
2004年	746 (57.5)	427 (32.9)	124 (9.6)	1,297 (100.0)	245 (39.0)	259 (41.2)	125 (19.9)	629 (100.0)
2011年	996 (62.2)	469 (29.3)	137 (8.6)	1,602 (100.0)	303 (42.4)	274 (38.3)	139 (19.4)	715 (100.0)

注）（　）内の数値は構成割合（％）。
（資料出所）1996 年は BKGS,Dritter Bericht uber die Entewicklung der Pfegeversicherung, 2004 年は BMGS,Zahlen und Fakten zur Pflegersicherung（07/09）, 2011年は Zahlen und Fakten zur Pflegeversicherung（04/12）.
（出所）土田（2012）より筆者作成。

2004 年から 2011 年にかけては約 30 万人の増加と 2 倍以上になっており、受給者が増加傾向にあることを示しています。要介護度別に受給者数の推移をみると、在宅介護では、要介護度Ⅰが 1996 年の 50 万 8,000 人から 2011 年の 99 万 6,000 人へと 2 倍近く増大しているのに対して、要介護度Ⅱ及びⅢはほぼ横ばいの状態であり、要介護者の増加が主として要介護度Ⅰにおいて生じていることがわかります。また、施設介護の受給者は、1996 年の数値は半年分なので 2004 年から 2011 年の間でみると、約 9 万人の増加にとどまっており、在宅介護の増加に比べると施設介護の増加が少ない点に特徴がみられます。これはドイツの介護保険における在宅介護優先の理念・政策の影響が大きいことを示しています。

　保険給付の種類別受給者数の推移をみると、**表 1-2** のようになっています。在宅介護では、介護手当の受給者が最も多く、1996 年から 2009 年の間に 10 万人近く増加していますが、受給者総数に占める割合では 60.4％から 45.5％へと大きく低下しています。もっとも、在宅介護の受給者だけでみると、介護手当の受給者は 78.6％から 65.6％への低下にとどまり、依然として家族等による介護が大きな役割を果たしていることを示しています。また、介護サービスと介護手当のコンビネーション給付の受給者は、1996 年から 2009

表 1-2　給付の種類別受給者数の推移

(単位：人、%)

給付の種類	1996 年	2000 年	2004 年	2009 年
介護手当 （現金給付）	943,878 （60.4）	954,684 （50.7）	959,580 （48.4）	1,034,561 （45.5）
介護サービス（現物給付）	105,879 （6.8）	159,693 （8.5）	169,357 （8.5）	179,795 （7.9）
コンビネーション給付	135,305 （8.7）	193,018 （10.3）	203,531 （10.3）	284,670 （12.5）
介護休暇	6,805 （0.4）	6,313 （0.3）	12,145 （0.6）	33,779 （1.5）
デイケア・ナイトケア	3,639 （0.2）	10,287 （0.5）	15,045 （0.8）	28,895 （1.3）
ショートステイ	5,731 （0.4）	7,696 （0.4）	9,989 （0.5）	16,542 （0.7）
完全施設介護	355,142 （22.7）	494,793 （26.3）	548,665 （27.7）	613,746 （27.0）
障害者の完全施設介護	5,711 （0.4）	55,641 （3.0）	65,052 （3.3）	79,457 （3.5）
計	1,562,088（100.0）	1,882,125（100.0）	1,983,363（100.0）	2,271,445（100.0）

注 1) 完全施設介護は、1996 年 7 月から開始されたので、1996 年の給付額は少なくなっている。
注 2) （　）内の数値は構成割合（%）。
（資料出所）1996 ～ 2004 年は BMGS, Statistichs Tashenbuch Gesundheit 2005, 2009 年は Soziale Pflegeversicherung, Leistungsmpfanger nach Leistungsarten und Pflegestufen im Jahresdurchschnitt 2009.
（出所）表 1-1 に同じ。

年の間に 15 万人ほど増加し、受給者総数に占める割合も 8.7％から 12.5％に増加しています。デイケア・ナイトケアの受給者数はまだ少ないですが、最近になって増加する傾向がみられます。また、完全施設介護の受給者数も、2004 年の 54 万 9,000 人から 2009 年には 61 万 4,000 人へと増加していますが、受給者総数に占める割合でみると 27.7％から 27.0％とほぼ横ばいです。

　表 1-3 は、保険給付費の推移を示したものです。この表にみられるように、介護手当が 1996 年に 43.3％を占めていましたが、その後徐々に低下し、2005 年以降は 23％前後となっています。介護サービスは 2000 年以降 14％台で横ばい状態を示しており、その他の在宅介護給付も大きな変化はみられません。また、施設介護をみ

表 1-3 　保険給付費の推移

(単位：億ユーロ、％)

給付の種類	1996 年	2000 年	2004 年	2009 年
介護手当 （現金給付）	44.4 （43.3）	41.8 （26.4）	40.8 （24.3）	44.7 （23.1）
介護サービス （現物給付）	15.4 （15.0）	22.3 （14.1）	23.7 （14.1）	27.5 （14.2）
介護休暇	1.3 （1.3）	1.0 （0.6）	1.7 （1.0）	3.4 （1.8）
デイケア・ ナイトケア	0.3 （0.3）	0.6 （0.4）	0.8 （0.5）	1.5 （0.8）
ショートステイ	0.9 （0.9）	1.4 （0.9）	2.0 （1.2）	3.1 （1.6）
介護者の 社会保障給付	9.3 （9.1）	10.7 （6.7）	9.3 （5.5）	8.8 （4.6）
介護補装具等	3.9 （3.8）	4.0 （2.5）	3.4 （2.0）	4.4 （2.3）
完全施設介護	26.9 （26.2）	74.8 （47.2）	83.5 （49.8）	92.9 （48.1）
障害者の 完全施設介護	0.1 （0.1）	2.1 （1.3）	2.3 （1.4）	2.5 （1.3）
計	102.5 （100.0）	158.6 （100.0）	167.7 （100.0）	193.3 （100.0）

注1）（ 　 ）内の数値は構成割合（％）。
注2）端数処理の関係、及び省略している項目があるため、各項目の数値を足しても
　　　計と一致しない箇所がある。
（資料出所）表 1-2 に同じ。
（出所）表 1-1 に同じ。

ると、完全施設介護は費用が増大していますが、給付総額に占める
割合は50％程度で横ばいとなっています。総じて、諸給付の割合
はほぼ一定のまま徐々に費用が増大傾向を示しています。また、給
付総額における現物給付の割合が増加しており、2011 年の平均値
では現物給付が39％、現金給付が61％となっています。

3. 2008 年介護発展法

　2008 年にキリスト教民主・社会同盟（CDU/CSU）と社会民主党
（SPD）の大連立内閣の下で「介護発展法」（Pflege-Weiterentwick-
lungsgesetz）が制定され、施行されました（**表 1-4**）。後述する新
しい改革法案にも関連してくるので、改革の主な内容を簡単に述べ
ておきます。

表 1-4　介護保険の構造的発展に関する法律
（介護発展法；Pflege-Weiterentwicklungsgesetz）

「介護保険の構造的発展に関する法律（介護発展法；Pflege-Weiterentwick-lungsgesetz）」が 2008 年 2 月に成立し、同年 7 月より施行された。その主要な内容は、次の通りである。

a) 個人の需要に応じた在宅サービスの強化（地区単位の介護支援拠点の整備、ケースマネジメントの導入、2 人以上の要介護者による現物給付の共同利用（支給限度額の「プール」）の導入等）

b) 保険給付の改定（要介護者に対する支給限度額、現金給付額及び施設給付額等の段階的引き上げ、世話手当の引き上げ等）

c) 被用者に係る介護休暇の導入（15 人以上の被用者を雇用する使用者に対して 6 カ月を限度として無給での労働の免除を請求する可能性の付与等）

d) 介護における予防及びリハビリテーションの強化（リハビリテーション等を通じて要介護者の要介護度を引き下げた完全入所介護施設に対する一時金の支給等）

e) 介護サービスの質及び透明性の向上（医療保険メディカルサービスによる検査報告結果の公表等）

f) 世代横断的なボランティア活動に対する支援（介護に従事するボランティアのネットワークの構築）

g) インターフェース問題の解消（介護ホームによるホーム医の雇用等を通じた介護ホームにおける外来診療の改善等）

h) 経済性の向上及び官僚主義の解消（介護ホームによる介護従事者に対する地域で通常支給される水準の報酬の支給、介護施設の会計及び簿記に関する義務の簡素化等）

i) 自助の強化及び私的介護義務保険の適正化（介護金庫が私的付加保険を仲介する可能性の付与、私的介護義務保険が低所得者向けの料金表を提供する義務の導入（2009 年 1 月～）等）

j) 保険料率の引き上げ（1.7%→1.95%等）

（出所）厚生労働省大臣官房国際課資料より筆者作成。

また、政府は、要介護状態の概念の見直しについて検討を進めていました。介護保険における要介護状態の概念は、身体能力の低下という側面に偏りすぎているため、たとえば意思疎通や社会参加といった能力の低下という側面を反映させていないとの批判がありました。そのため、認知症等により日常生活動作が限られている人々に対する一般的な世話、見守り、付き添いの需要は、ほとんど考慮されていませんでした。

　こうした声を踏まえ、連邦保健省では、大臣の諮問機関として「要介護状態の概念の見直しに関する審議会」を設置し、検討に当たってきたところ、2009 年 1 月及び 5 月に報告書をまとめました。1 月の報告書においては要介護状態の概念の見直しに関する全体的な枠組みが報告され、5 月の報告書においては改革が及ぼす財政へ

表 1-5　要介護状態の概念の見直しに関する審議会報告の主な内容

a) 要介護状態の判定の基準は、「必須の介護に要する時間」ではなく、活動の実施及び生活領域の形成における「自立度（Grad der Selbstaendingkeit）」となる。

b) 新たな尺度は、要介護状態の包括的な考慮を狙いとしており、身体的能力の減退（たとえば、認知症）も把握する。また、医学的リハビリの必要性を評価するため、予防に関連したリスク（病気に由来するリスク、環境要因及び行動に由来するリスク）も把握する。

c) 要介護認定手続きの測定単位（モジュール）は、次の6つである。また、各モジュールは、似た種類の活動や能力のグループ又は生活領域を包括するとともに、複数の下位構造（「項目」又は「メルクマール」）を含んでおり、認定者はそれに対する評価を行うことになる。

　① 移動性：短い距離の移動及び体位変換

　② 認知及び意思疎通の能力：記憶、知覚、思考、判断、意思疎通（精神的・言語的「活動」）

　③ 行動様式及び心理的問題：自ら若しくは関係者を危険に晒すこと、その他発生しうる問題を伴う行動様式及び不安、パニック又は妄想

　④ 自己管理：身体の手入れ、着衣、飲食及び排泄行動

　⑤ 病気又は精神療法に由来する要請や負担との折り合い：病気又は精神療法に関する措置の結果としての要請や負担の克服を目的とした活動。たとえば、医薬品の摂取、けがの処置、身体補助具との折り合いや家の内外における時間のかかるテラピーの実施。

　⑥ 日常生活の形成及び社会的な接触：時間配分、起床・就寝のリズムの遵守、利用可能な時間の意味ある（需要に即した）活用及び社会的関係の育成。

d) 要介護度は、従来の3段階から5段階に改められる。

e) 新たな要介護状態の概念の導入による財政への影響は、大きく4通りのシナリオを設定した試算によれば、最低3.02億ユーロから最高36.37億ユーロの追加費用が必要となる。

（出所）厚生労働省大臣官房国際課資料より筆者作成。

の影響の試算が報告されました。当該報告の主な内容は、**表1-5**の通りです。

　このほか、次期介護保険改革においては、個人単位の積立制の一部導入が検討されていました。2010年7月14日、改正労働者現場派遣法（2009年4月24日施行）に基づき、介護職員に対して最低賃金を導入するための法規命令が閣議決定されました。その概要は**表1-6**の通りです。

　ただし、この最低賃金は2014年末までの時限的措置であり、2011年末までに、最低賃金の導入が職の確保を脅かすものになっていないか、または新たな雇用関係の締結の妨げになっていないか、評価することとされていました。

表 1-6　ドイツの介護職員の最低賃金（水準）

（ユーロ／時）

	旧西独地域	旧東独地域
2010 年 8 月～	8.50	7.50
2012 年 1 月～	8.75	7.75
2013 年 7 月～	9.00	8.00

（出所）厚生労働省大臣官房国際課資料より筆者作成。

　対象は、基礎的介護（身体介護、栄養管理、移動訓練）を行う職員であり、研修生、家事援助を行う職員、認知症世話人（Demenzbetreuer）は除かれます。

　なお、介護分野における労働者は全体で 80 万人以上おり、そのうち基礎的介護を行う者は約 56 万人でした。

保険料率の引き上げ

　ドイツの介護保険では 1995 年の実施以来、保険料率を据え置いてきましたが、2008 年 8 月から保険料を 1.70％から 1.95％に引き上げました。これは以下に述べるような給付の改善に資するためですが、それに加えて今後の要介護者の増大に備えることも保険料率引き上げの理由に挙げられています。また、2005 年の改正で、子のない被保険者に対する保険料率が 0.25 ポイント引き上げられましたが、今回の改正でもその上乗せは変わらず、子のない被保険者に対する保険料率は 2.20％に引き上げられました。今回の 0.25 ポイントの保険料率引き上げで、年 26 億ユーロの収入増が見込まれていましたが、これにより 2007 年は 3 億 2,000 万ユーロの黒字となり、2009 年にはさらに 9 億 9,000 万ユーロの黒字となりました。

　ドイツの社会保険は労使折半が原則となっていますが、介護保険料率の引き上げによる使用者側の負担増が企業の国内投資を防げる恐れがあるとして、介護保険料率の引き上げと引き換えに失業保険料率が 4.2％から 3.3％に引き下げられました。

在宅介護の強化

　介護保険の給付額は、1995 年の制度創設以来据え置かれてきましたが、表 1-7 に示すように在宅介護を中心に引き上げが行われ

表 1-7 2008 年改革による給付額の変更

(単位：億ユーロ、月額)

給付の種類	引上げの時期	要介護度 I	要介護度 II	要介護度 III	苛酷な ケース
在宅介護 （現物給付）	2008 年 6 月まで 2008 年 7 月 1 日から 2010 年 1 月 1 日から 2012 年 1 月 1 日から	384 420 440 450	921 980 1,040 1,100	1,432 1,470 1,510 1,550	1,918
介護手当 （現金給付）	2008 年 6 月まで 2008 年 7 月 1 日から 2010 年 1 月 1 日から 2012 年 1 月 1 日から	205 215 225 235	410 420 430 440	665 675 685 700	なし
デイケア ナイトケア	2008 年 6 月まで 2008 年 7 月 1 日から 2010 年 1 月 1 日から 2012 年 1 月 1 日から	384 420 440 450	921 980 1,040 1,100	1,432 1,470 1,510 1,550	なし
ショートステ イ（年額）	2008 年 6 月まで 2008 年 7 月 1 日から 2010 年 1 月 1 日から 2012 年 1 月 1 日から	1,432 1,470 1,510 1,550	1,432 1,470 1,510 1,550	1,432 1,470 1,510 1,550	なし
代替介護 （上段：親族等 による場合 下段：その他 の者による場 合）	2008 年 6 月まで 2008 年 7 月 1 日から 2010 年 1 月 1 日から 2012 年 1 月 1 日から	205 1,432 215 1,470 225 1,510 235 1,550	410 1,432 420 1,470 430 1,510 440 1,550	665 1,432 675 1,470 685 1,510 700 1,550	なし
完全施設介護	2008 年 6 月まで 2008 年 7 月 1 日から 2010 年 1 月 1 日から 2012 年 1 月 1 日から	1,023	1,279	1,432 1,470 1,510 1,550	1,688 1,700 1,825 1,825

（出所）表 1-1 に同じ。

ました。施設介護については要介護度 I 及び II とも据え置かれ、要
介護度 III がわずかに引き上げられるにとどまっており、在宅介護優
先の意図が明確に示されています。2012 年に給付の引き上げが完
了した後は、3 年ごとに物価上昇率を勘案した給付の調整が行われ
ることになっています（最初の調整は 2015 年に行われました）。

　また、在宅介護の支援策として、居住地に近接した介護支援拠点
（Pflegestutzpunkt）が設けられました。日本の地域包括支援セン

ターに相当するものとされ、医療保険や介護保険の専門職のほか自
治体や社会福祉団体などの関係者とも連携し、介護等に関する情報
を集積するとともに、利用者がそこに行くと在宅介護施設や介護人
の紹介、申請書の記載、給付等についての相談、介護プランの作成
など必要な情報やサービスが得られるようにすることが企図されて
います。介護支援拠点の設置促進費として 6,000 万ユーロが予算計
上され、1 カ所当たり 4 万 5,000 ユーロが支出されます。維持費は、
疾病金庫と介護金庫が負担することになっています。計画では人口
2 万人に 1 カ所の割合で設置し、全国に 4,000 カ所設けるとされて
います。

　また、在宅介護の質を高めるため、ケースマネジメント（Fallma-
nagement）の仕組みが導入されました。日本のケアプランに該当
するもので、上記の介護支援拠点とともに、日本の介護保険制度を
模したものとされています。ケースマネジメントを行うのは介護金
庫に所属する介護相談員（Pflegeberater）で、介護や医療にかか
わるトータルな支援を行うことになっています。介護相談員になれ
るのは、老人看護師、看護師、小児看護師などで一定の実習を経験
した者とされており、相談員 1 人につき約 100 人の利用者を担当す
ることとされています。

認知症に対する給付の改善

　2008 年改革では、認知症に対する給付の充実が図られました。
認知症については、入浴・排泄・食事など従来の介護保険給付から
抜け落ちていた「見守りや世話」（Betreuung）が必要であること
が指摘されてきましたが、2008 年改革ではそうした見守りや世話
への給付が大幅に改善されました。すなわち、2001 年の改革で年
額 460 億ユーロの給付が行われることになっていましたが、見守り
や世話のニーズに応じて月額 100 ユーロまたは 200 ユーロ（重度の
場合）に引き上げられました。

　さらに、要介護と認定されなかった「要介護度 0」の人でも、認
知症と認められた場合には追加給付が認められました。また、要介
護度が I から II までの人が認知症と認定された場合にも追加給付が
行われることになりました。

これと併せて、介護施設では認知症の入所者の世話をするための改善が図られました。すなわち、介護施設で散歩や簡単な世話をするためにアシスタントを配置した場合、介護金庫からの報酬措置が行われることとなりました。このアシスタントは特に資格は必要とせず、簡単な実習を受講するだけで対応できるものとされました。配置は、入所者25人に1人のアシスタントを付けることが目安とされています。

介護の質の改善策

　介護の質の確保は介護保険の重要な課題とされ、2001年には「介護の質の確保法」が制定されるなど多くの取り組みがなされてきました。2008年改革では介護の質に関する審査を強化し、その結果を公表して透明性を高めるための対策が講じられました。

　介護の質については、MDK（医療保険のメディカルサービス）による審査が3〜5年くらいの間隔で行われてきましたが、2008年改革では2011年から少なくとも年に1回以上審査を行うことが定められました。その際、MDKの審査は、人員や設備等の組織構造の質、サービスの実施プロセスの質、サービスの実施結果の質について把握することとされ、その中でもサービスの実施結果の質に関する審査が最も重視されることになります。

　さらに、介護施設に関する透明性を高めるため、MDKが行った審査結果に5段階評価を付け、一定の項目についてインターネットで公開することとされ、2009年7月から入所施設、10月から在宅施設について情報が公開されました。なお、審査結果の公表に際しては、あらかじめ施設側に公表内容を示し、施設側に異議申し立てがあれば、その是非について判断を行うなど、施設側に配慮した対応策が講じられています。

高齢者居住共同体の促進

　高齢者の多くはできる限り自立して生活することを望んでいます。そうした思いを実現するために2008年改革では「高齢者居住共同体」（Senioren-Wohngemeinschft, Senioren-WG）の促進が図られました。居住共同体は、個室などプライベートな空間を持ちながら、

台所・食堂・風呂などを共同で利用し、日常の生活や遊びなどを一緒に行う居住形態のことで、従来から学生などの間で行われてきたものですが、そうした居住形態を高齢者や要介護者の生活においても活用しようというものです。日本のグループホームに似ていますが、グループホームが認知症高齢者の介護を主な目的とする施設であるのに対して、高齢者居住共同体は日常生活を営む住居であり、そこで自立しながら共同で生活することを主な目的としている点で異なっています。

　2008 年改革では、同じ居住共同体に居住している要介護者に対する給付要件が改善され、同じ居住共同体に居住している要介護者の給付を「プール制」にすることが可能となりました。これは共同体に居住する人が、ヘルパーなどのサービスの利用を共同で行ったり、在宅介護サービスの支払いを共同で行ったりすることによって節約された時間や費用をプールして活用するもので、他のサービスに振り向けることもできます。さらに、在宅介護で個人の介護者と介護契約を結ぶことは、在宅介護機関がかかわることが難しい場合だけに限定されていましたが、個人の介護が特に効果的で経済的な場合には要介護者が個人の介護者と介護契約を結ぶことが認められるようになり、居住共同体で要介護者が共同でそうしたサービスを受けることも可能となりました。

　家族等による介護が次第に難しくなり、また介護施設への入所が高額なため難しい場合に、こうした居住共同体の利用は、高齢者の自立した生活を進める上で有効な方式と注目されています。

介護休暇の導入

　在宅での介護を推進し、介護する家族の負担を軽減するために、介護休暇が導入されました。これは 15 人以上の企業における従業員が家族の介護を行うために、最長 6 カ月間の無給の休暇を取得できるようにしたものです。また、在宅介護のための準備や短期の介護を行うために、最長 10 日間の短期休暇（無給）の制度も導入されました。

リハビリテーション優先の原則

ドイツの公的介護保険制度では「予防とリハビリテーションは介護に優先する」という基本原則を前提としています（河口ら 2010）。このため、介護金庫は、個々の医学的リハビリの給付内容を検査し、その適切性を審査します。この時、医療保険側でのリハビリが適時に提供されない場合には、そのために要介護になった際の費用を2008 年より介護金庫から疾病金庫に「調整拠出金」として請求できることとなりました。

これは、医療保険から介護保険へのコストシフトを防止するための措置ですが、医療・介護制度を通じて適切な仕組みとも考えられます。なお、ドイツでは、「医学的リハビリ」と「活性化介護」は区別されており、後者は要介護状態になったあと、身体能力の維持や改善のために行われるものです。

4.　2012 年介護保険新展開法

介護政策に関する連立協定

2009 年秋の連邦議会選挙で社会民主党（SPD）が歴史的な惨敗を喫したことにより、大連立政権が解消され、新たにキリスト教民主／社会同盟（CDU/CSU）と自由民主党（FDP）との保守中道政権が誕生しました。連立に際して 3 党間で連立協定が締結されましたが、介護政策については次のような内容となっていました。

・高齢者の介護にかかわる専門職の充実化とその育成を図ること。そのために介護職に関する新たな法律を定めるとともに、その育成のための教育制度改革を行うこと。

・要介護者のニーズにより即した介護を行うとともに、介護の費用や介護の質など介護給付に関する透明性を高めること。そのために介護支援拠点の拡大を促進すること。また介護の質に関する審査においては介護サービスの実施結果の質を優先すること。

・要介護度の判定に関して新たな認定基準を創設すること。その際は、単に身体的機能だけではなく見守りや世話の必要性など認知症にかかわる事柄にも配慮すること。また、認知症患者のための居住共同体のような居住と世話に関する給付システムにも配慮するなど、

介護保険の新たな展開も考慮する必要があること。

・介護保険は社会保険の重要な制度であるが、将来的には介護ニーズの増大等による財源不足が予測されるため、将来の要介護状態に備えて個人が介護費用を積み立てる付加的制度の創設が必要であること。その検討のために省庁間での作業グループを設置すること。

介護保険新展開法案の概要

　2012年3月末に連邦政府は、「介護保険新展開法」（Gesetz zur Neuausrichtung der pflegeversicerung. Pflege-Neuausrichtungs-Gesetz,PNG）の法案を閣議決定しました。新たな改革を行う背景としては、当時、認知症の高齢者が120万人を超え、さらに今後10年間にその数が400万人に増加することが見込まれていたことが挙げられます。そうした認知症への対応として、従来の介護給付にはなかった「見守りや世話」への給付の提供が必要とされています。また、ドイツの介護保険では「施設の前に在宅を」（"ambulant vor ationar"）がスローガンとして掲げられていますが、そのための対策として、介護の給付や時間等に関して要介護者自身が主体的に選択していくことを重視することや、介護をする家族への支援を強化していくことが求められていました。さらに、要介護者の増大に対処し、介護の質の向上を図るために長期的な財政対策が必要であることが挙げられています。

　介護保険新展開法案の主な内容は、以下のようになっています。

　第1に、在宅の認知症への対策が強化されたことが挙げられます。先に2008年改革で「要介護度0」の者に対して月額100ユーロまたは200ユーロの給付が導入され、さらに要介護度Ⅰ～Ⅱの認知症の人に対しても給付が上乗せされるようになったことを述べましたが、新展開法案では2013年1月からそれらが増額されることになりました。すなわち、要介護度0に対しては月額120ユーロの介護手当または225ユーロの介護サービスを行うこと、また、要介護度Ⅰに対しては305ユーロの介護手当（通常の介護手当に70ユーロを追加）または665ユーロの介護サービス（通常の介護手当に215ユーロを追加）、要介護度Ⅱに対しては月額525ユーロの介護手当（通常の介護手当に85ユーロを追加）または1,250ユーロの介護

サービス（通常の介護手当に150ユーロを追加）を提供するとしています。

　さらに、在宅の認知症の人への対策として、将来的には、新たな要介護概念と認定基準に基づき、従来の基礎的介護と家事援助的なサービスに加えて、見守りや世話への給付を行うことも挙げられています。

　第2に、新しい要介護概念と認定基準の導入について検討を進めることが挙げられています。新たな要介護概念と認定基準については、先の大連立政権の下で専門委員会が設置され、その検討に基づく試案が提出されていました。そこでは認知症や精神障害などを要介護の概念の中に入れるとすれば、従来のように介護に要する時間を尺度とした概念では捉えられないとして、新たに自立の度合いを尺度として概念構築を行うことなどが試みられています。しかし、今回の法案策定においては新たな要介護概念と認定基準の提示が断念され、さらに検討を進めることとされました。

　第3に、在宅で介護を行っている家族等に対する支援が強化されました。具体的には、家族の代替介護に際して介護手当が追加給付されることになったことです。すなわち、家族給付の代わりに介護を行う（代替介護）ための費用が1年間に4週間を限度として支給されますが、さらに介護手当の半分が追加給付されることになりました。

　第4に、要介護者の住居の共同化を促進するために、一定の要件の下で居住者1人当たり200ユーロの補助金を支給することが盛り込まれています。また、在宅の要介護者が居住共同体をつくろうとする場合には、1人当たり2,500ユーロ（1グループ当たり最大1万ユーロ）を支給するとしています。そのための費用として3,000万ユーロが計上されており、3,000の居住共同体または1万2,000人に対応することができるとしています。また、科学的見地から新しい居住形態の展開を試みることに対する費用も1,000万ユーロ計上され、完全介護施設に代わって居住共同体の中で個々の居住者の意向に沿った介護サービスを提供することが企図されています。

　第5に、介護金庫やMDK等に対する要介護者やその家族等の権利が強化されています。先の2008年改革でも官僚主義の弊害を減

らすことが掲げられていましたが、新展開法でもそのことが強調され、介護施設における透明性と品質基準を高めていくことや、MDK が要介護者に対して尊厳の念を持って対応することが求められています。また、「介護の前にリハビリテーションを」というスローガンを実現する意味でもリハビリテーションの自動的な受給を進めることとされています。また、相談機能を高めることが重視され、介護金庫は要介護者に対して早い時期に相談を行うために、2 週間以内に相談予定を組むことが求められることになりました。また、介護金庫がそうした相談を行うことが難しい場合には、他の専門家による対応を行うことが義務付けられることになりました。

　第 6 に、こうした新たな対策を行うための財源として、保険料率を 0.1％引き上げることが提案されています。この提案に対しては、それでは不十分だとしてもっと引き上げることを求める意見もみられます。

　以上が、介護保険新展開法の主な内容ですが、認知症に対する給付引き上げや居住共同体の促進などに介護保険の新たな展開の方向性が示されているといえます。

新介護職法案の策定

　先の連立協定で、介護職の充実化とその育成制度を設けることが記されていましたが、それに対応するために連邦保健省と連邦家庭省が協力体制を強化し、「介護に関する研究会」を組織して検討を行ってきました。その提案を受けた連立政権は 2012 年 2 月に「新介護職法」（Neue Pflegeberufegesetz）の提案を策定しました。

　その主な内容は、現在の 3 つの介護専門職、すなわち老人看護師、看護師、小児看護師の資格を統合し、介護専門職の育成のための新たな教育制度を創設するというものです。

　新しい介護職法を導入する要因として、2 つのことが挙げられています。1 つは人口構造や疫学とそれに対応した介護・看護の変化であり、もう 1 つは労働市場の動向です。

　前者について項目を列挙すると、○ドイツに居住する人の寿命が延び、高齢化率が高まっていること、○慢性疾患の罹患者数が増加していること、○家族形態が変化し高齢者の一人暮らしが多くなっ

ていること、○病院やリハビリテーション施設において介護に対する需要が高まっていること、○児童や青年層における慢性疾患への適切な対応が求められていること、○病院や介護施設への入所期間を短くし、在宅での介護・看護の充足が必要とされていること、などが挙げられます。

また、後者については、○雇用の拡大が見込まれること、○介護・看護に関する新たな職業分野が開拓されること、○介護分野で科学的根拠に基づく新たな職業資格が創出されること、などが挙げられます。

また、法案では3年間に4,600人の介護職の育成を図るとしており、そのうち2,100人は理論的及び実務的な教育を受け、2,500人は実務的な教育を受けるとしています。さらに、そのためのカリキュラム等が設定されています。

ドイツでも介護職の待遇改善が課題となっていますが、新たな介護職法によってその専門的な技能が高く評価され、社会的な評価も高まってくるのに伴い、その待遇も改善されていくことが期待されます。

文献

BKGS, Dritter Bericht uber die Entewicklung der Pfegeversicherung.

BMGS, Statistichs Tashenbuch Gesundheit. 2005.

BMGS, Zahlen und Fakten zur Pflegersicherung（2007/09).

Soziale Pflegeversicherung, Leistungsmpfanger nach Leistungsarten und Pflegestufen im Jahresdurchschnitt 2009.

Zahlen und Fakten zur Pflegeversicherung（2004/12).

河口洋行・田近栄治・油井雄二「デンマーク及びドイツの医療・介護制度——日本での地域ケアの推進と財政規律の堅持への示唆——（上)」『社会保険旬報』No. 2435、2010年9月11日。

厚生労働省大臣官房国際課「第3章　各国にみる社会保障施策の概要と最近の動向」『2011〜2012年　海外情勢報告』（『週刊社会保障』No. 2739、2011年8月12-19日夏季特別号、法研、pp.12-17)。

土田武史「ドイツの介護保険改革」健康保険組合連合会『健保連海外医療保障』No. 94、2012年6月、pp.1-8。

第2章 ドイツの高齢者介護施設

（2012年視察調査）

メッツィガー・グートヤー・シュティフトゥング財団が運営する高齢者施設の外観

1 高齢者介護施設（バーデン・ヴュルテンベルク州・エメンディンゲン）

—— METZGER-GUTJAHR-STIFTUNG e.V. ——

施設の概要

　エメンディンゲン市は文豪ゲーテの妹コルネーリアが住んでいたことで有名です。市の人口は2万6,000人です。私たちは、2012年で50周年を迎えた老人介護施設を訪問しました。私たちを出迎えてくれたのは、老人ホームの司教で施設理事長のクライスさんと、エメンディンゲン市の30くらいある司祭のトップの役職にある司教長のガイヤーさんでした。私たちはまず、高齢者介護施設の玄関

写真2-1　ガイヤーさん（左）とクライス
さん（中央）

横にある小さな礼拝堂の中で、ガイヤーさんとクライスさんから施設の概要について説明を受けました（写真2-1）。その後、クライスさんが施設内を案内してくれました。

教会がなぜ老人ホームを持っているか

　　ガイヤーさんは、教会がなぜこのような老人ホームを持っているかを次のように説明しました。

　「教会には老人の方々にいろいろな助けを差し伸べる役割もあります。イエス・キリストも人々に癒しを施しまして、彼自身は十字架にかかって亡くなったわけですが、神様は彼の偉業について恩恵を与えました。神様はイエス・キリストを通して、困っている人々には助けの手を差し伸べなさいと述べました。そのため私たちは、ここに住んでいる方々が、精神的にも肉体的にも満足のゆく生活が送れるよう配慮しております。歳を取った方々は、自分自身で自立して生活することがなかなか難しい。そしてそれはまた経済的な問題もあって難しいのです。昔からそうだったので、ユダヤ教の時代からキリスト教の時代になっても、歳を取った方々の施設というのは脈々とありました。私たちの財団の方では、介護のための職員もいますけれども、それ以外にボランティアの人たちが『自分たちでこういうことができる』ということを提供してくださることを非常に重要視しています。それからご老人の方と散歩に行ったり一緒に歌を歌ったりと、ボランティアの人たちの多くの手伝い、助けを私たちは受けております」

ボランティア

　クライスさんは、「ボランティアはさまざまな形で働いています」と述べました。たとえばガイヤーさんは、老人ホームの監査委員会（老人ホームのアドバイザーとして監査しているところ）があって、ボランティアとして無償で働いています。彼は、年4回会議に行っ

て、老人ホームの運営にかかわる仕事をしているそうです。

　クライスさんは続けて「ボランティアの方々にはさまざまな形で、ここの運営をお手伝いしていただいております。特に、入院患者の方々の介護とか付き添いをよくお手伝いしていただいております。私たちは利用者のためお祭りや音楽などさまざまなイベントを行いますが、その催しの際に、ボランティアの方々にお手伝いをしてもらっています。利用者の方が、会場まで行くときや、また部屋に戻るときにお手伝いをしてくれます」と説明しました。

　また入院患者の一人ひとりに付き添ってくれるボランティアもいるそうです。たとえば新聞の朗読をしたり何か出来事があったことを説明したり、ただ単に手を添えてあげたり、そうして入所者や他の人とかかわっている人もいるそうです。

職員・スタッフ

　施設を運営しているのは METZGER-GUTJAHR-STIFTUNG e.V.（メッツィガー・グートヤー・シュティフトゥング財団）です。財団はプロテスタントの教会に所属しています。その施設には現在 142 人の入居者がいます。職員・スタッフは 140 人いるそうです。140 人の職員・スタッフはほとんど介護の分野で働いています。介護分野の正職員は 90 人で、そのうちの半分くらいが専門職の人たちです。ドイツでは、1 つの雇用を 2 人で分け合うこともよくあるので、100％とか 50％という言い方をします。100％が 1 人分の仕事だとしたら半分働いている人は 50％となります。

　クライスさんが言うには、「専門職の方は、数年にわたる職業訓練をちゃんと受けてから、ここで働いています。それとは別にこの施設内で職業訓練を受けている人たちも、常に 10 人くらいいます。病院で働く看護師が受けるような職業訓練とは違って、老人ホームに行っての職業訓練というのは、病気のことを詳しく知るということではなく、いかに人間全体を学んでいくか、そういうところに重点が置かれています」とのことです。

3 つのグループの住居管理

　この施設は 4 年前に大規模な改築をしました。現在、施設のほと

んどが1人部屋です。もちろん夫婦で入居するための2人部屋もありますが、1人で住みたくないという人のための2人部屋というのもあります。142人の入居者は、大きく区分けすれば5つの階に分かれています。そのうちの1つに認知症の老人のための特殊な介護をする階があります。「そこには皆さんをお連れできません。そういう認知症の人たちはこういうグループ単位で訪れますと、介護の妨げになってしまうからです」とクライスさんは述べました。

　ここの施設というのは場所によっては2〜3年前につくられた施設もあるので、非常にモダンなつくりになっていますが、現在のドイツのスタンダードになっているそうです。

在宅介護

　クライスさんは、「ドイツで行われている老人介護は非常に流動性の強いものですけれども、私たちはここに入居されている人たちの介護の他に、入居する前の在宅介護を行っています」と述べました。この施設ではさまざまなサービスを提供していますが、その中に老人のための家（住居）の提供があります。その家では、年配の人たちが暮らしやすいようにシャワーなどが設計されています。そこで暮らす高齢者は、特に介護などの世話がなくても自立して暮らしています。ただし、緊急用の呼び出しボタンは付いています。

　高齢者施設に隣接して、その居住区と言われる家がありました。32世帯が入れるようになっていて、それぞれの家は68㎡〜124㎡の大きさになっていて、現在そこには45人の入居者がいるそうです。一番小さい42㎡の1人用のアパートも用意されています。

　もう1つは、いわば外来のような形になるそうですが、高齢者が1人で住んでいる場合、自宅に施設から訪問して介護するといったサービスもしています。そこでは基本的な介護を行っています。たとえば、体の清拭や着替えを手伝ったり、起き上がったりするのを手伝ったり、他にも簡単な医学的な治療も行うそうです。そういった在宅介護はその近くにあるキリスト教系の近隣友愛組合というボランティアグループの人たちと一緒にしていて、家の掃除や食事の準備、洗濯などの手伝いをしているそうです。

医療提供と看取り

　医療が必要になる高齢者への医療の提供はどうなっているのか、医師の往診等について尋ねました。入居者は、自分を診てほしい医師を自由に選ぶことができます。その医師が自由にこの施設を訪れることになっています。専門医とか特殊な機材が必要な高齢者は無理ですが、できる限り医師が施設に来て診療する体制になっています。もちろん歯科医も診療に来ます。

　「終末期の看取りまでこちらでやるということですか」と私が尋ねると、「基本的に入居者は亡くなるまでここで過ごします。入居者には『最期の住まい』になります」とのことでした。施設介護というのは、ドイツにおいて2つの意味があります。1つは住居としての老人ホームです。もう1つは介護を受ける場としての役割です。またこの施設には、末期の人を看取るボランティアの人たちもいます。スタッフの時間がなかなかとれないこともあり、そういう形で最期を見守ります。

入居経路と要介護度

　ここには、たとえば病院に入院しているとか、心臓移植を受けるなどして1人で生活できなくなったとか、そういうきっかけが生じた人がやって来ます。しかし多くの場合は、親族か社会福祉分野を担当している公務員などが、どこにその人が入れるのかを探して、ここに入れる枠があったらここに来るということだそうです。希望すれば枠がある限り、だいたいここに入ることができます。ただし介護保険に入っていることが条件になります。

　要介護度の割合は、一番軽い1段階目の人が20％、2段階目の人が43％、3段階目の人が18％くらいです。入居者の中には要介護の認定の枠に入っていない人もいます。90人くらいの在宅介護の人がいるそうです。エメンディンゲン全体で実際400人くらいの人が在宅介護を受けているそうですが、そういう在宅介護を提供している施設は8つほどあります。「カトリックの人が来ることもありますか」と聞くと、「その人がどのような宗教に入っているかにかかわらず、すべての人々を助けなさいというのがキリストの教えです」との答えでした。

建物の構造

　どの階も同じように建てられています（写真 2-2）。下の部分は 1982 年につくられたものだそうです。上の部分は 2006 年から 2012 年の間に新たに増設されたものです。ここには 1 つのセッションといいますか、居住者の集まりで 12 人ほどの人が暮らしています。家の構造としては、居住空間を広くして、さまざまな人が訪れられるようになっています。入居者が 1 人で部屋にこもることを避けるために、入居者がいろいろな人と出会うようなつくりになっています（写真 2-3）。

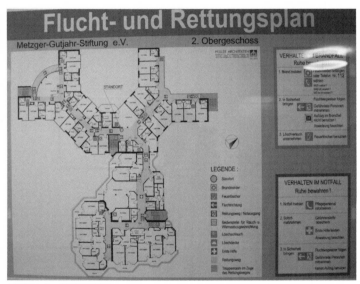

写真 2-2　建物配置図

　壁にはスタッフの顔写真が掲載されており、入居者や訪問者がここで働いている人がどういう人かがわかるようになっています。クライスさんは、「もう 1 つ私たちがやっていることは飾りです。室内の飾りをドイツの伝統的なものに、また季節のものとかイベントに即したものにしています。そういった飾りは、場合によっては居住者の人たちと一緒につくったりします。壁に掛けられている写真は祭りやイベントなど入居者の方と一緒にやった催しを掲載してい

写真 2-3　自由にくつろぐ高齢者

写真 2-4　ドイツの伝統的な飾り

ます」と説明しました（写真 2-4）。

わが家にいるかのような感じを作りだす

　食事は給食室でまとめて作っていて、ワゴンで配給されます。ワゴンは保温と冷温できるようになっており、出来上がった状態で入居者に提供することができます。

　家具や飾りを非常に重視しているのは、昔住んでいたような、実際に自分の家にもあるような、そういったものが身近にあることで、入居者が家にいる環境を得ることができるからです。そのためにソファーやテーブルも置かれています。ここに住んでいる人たちは一緒に住むグループのような形で、入居者も介護者もお互いに見知っているようにするためです。わが家にいるような感覚になることができます。

　オーブンがあり、調理台があります（写真 2-5）。みんなで一緒に料理をしたりパンを焼いたりできます。訪問時はクリスマスに近い時期だったので、クリスマスのお菓子をこれから焼くところでした。みんなで一緒に朝食をとろうとしている入居者もいました。自分たちで朝食や昼食の準備を他の人と一緒にして、朝食や昼食を一

写真 2-5　入居者が自由に使えるオーブンとキッチン

緒に食べるそうです。

入居者の部屋

　入居者の部屋は16㎡くらいで、それにプラスして浴室、洗面所が5㎡くらいの部屋が一般的です（**写真2-6**）。介護している職員の衛生の問題もあるので、石鹸と手を洗ったときに拭くものと、消毒剤が部屋の鏡台の中におさまっています。すべての部屋にこういったものを備えておかなければなりません。基本的には入居者は自

写真2-6　入居者の部屋

分の家具を持ち込んでいいことになっていますが、それをする人はあまりいないそうです。なので、介護用のベッドとサイドテーブルを、施設の方で用意することになります。多くの家具を入居者が自分自身で持ってくれば持ってくるほど、わが家として住み慣れることができるわけです。

入浴設備等

　施設には入浴設備もあります。浴槽は健康促進のために導入したもので、音楽を聴くことができたり、色が変わるランプが付けてあったりします。現在定期的に入浴するのは4人くらいで、他の入居者はシャワーだけで済ませています。

　入浴時間は、着替えたりする時間を全部含めると1時間くらいかかりますが、30分くらいは浴槽で入浴するそうです。

　施設の周りは森になっています。入居者は森で散歩もできますし、座って森の動物を観察できるよう窓際には椅子が用意されていました。

住宅街の中の施設

　「外国人の職員はどれくらいいるか」と質問したところ、「20％から25％くらいではないか」という答えでした。16カ国くらいから

来ています。ベトナムやタイから来ている人もいれば、イタリアやスペインなどからも来ていたり、またロシアからも来ているそうです。

　施設の中にはかなりモダンなつくりになっている場所もありました。玄関ロビーも明るい雰囲気のつくりになっています。庭にはちょっとした飾り物が置かれていたりします。この高齢者介護施設は、普通の住宅街の中にあります（**写真 2-7**）。日本のように、誰もいない寂しいところに施設が造られることはありません。街の中で普通の暮らしをするというのがドイツでは当たり前です。考えてみれば、少し前の日本のように、高齢者になったからといって、人里離れた施設に隔離されるような考え方の方がおかしいとすぐにわかります。

写真 2-7　高齢者介護施設のある街の風景

2　AWO シニアホーム（バイエルン州・ケーニッヒスブルン）— "Herzlich Willkommen"im AWO Seniorenheim Königsbrunn Bezirksverband Schwaben e.V. —

ケーニッヒスブルン

　私たちが訪問した AWO シニアホームは、アウグスブルク郊外のケーニッヒスブルンにあります。アウグスブルクは人口 27 万人の、バイエルン州の中でもミュンヘン、ニュルンベルクに次いで 3 番目に大きな都市です。アウグスブルクで有名なものには、1897 年に発明されたディーゼルエンジンがあります。パルプ産業、気球産業でも非常に有名な都市ですが、有名な人物というとモーツァルトのお父さんのヨーハン・ゲオルク・レオポルト・モーツァルトです。彼は 18 世紀の作曲家、ヴァイオリニスト、音楽理論家で、アウグスブルクに生まれ、オーストリアのザルツブルクに没しました。

　私たちは、大の日本ファンだというフリューリッヒ・ケーニッヒスブルン町長の熱烈な歓迎を受けました。実際にケーニッヒスブル

49

ンと岩手県久慈市とは柔道を通して国際交流をしているそうです。1940年代にはケーニッヒスブルンの住民は2,800人でしたが、現在は10倍の2万8,000人です。第二次世界大戦が終わり、東欧に移民していた人たちが追い出されたわけです。そういう避難民が定着したということもあります。またこの近くに空軍の基地があるので、軍隊に所属している人たちも住み始めたというわけで、人口が増えてきたそうです。だんだん大きな町になってきて、ケーニッヒスブルンという、1つの自治体として存在できるようになったそうです。

AWO（社団法人ドイツ労働者福祉事業連合会）の概要

写真2-8は、ケーニッヒスブルンの高齢者施設の看板です。AWOのマークが付いています。この看板がなかったら、建物がシニアホームだと思えませんでした。見た目は普通の住宅と変わりません。写真2-9は、そのシニアホームの外観です。建物は、普通の街の中にあります。

私たちは、ホーム長のホルカ・レテペニングさん（写真2-10）から、AWO（アヴォ＝アルファイター・ボルバー）という組織の歴史的な背景を聞きました。

1919年にAWOは社会民主党の福祉中央委員会により設立されました。公平で憲法で保障された平等なものであることを目指した組織で、マリー・ユカッツという一人の代議士の発案で、第一次世界大戦後の苦しい状態の痛みをなるべく軽くするためにということで、1つの援助機関として、社会的に必要としている人たちのための組織として立ちあげられました。しかし、第二次世界大戦のナチスの時代にはAWOの活動は禁止され迫害を受けました。それから戦後の1946年に市民の高いニーズで再スタートし、社会民主党の組織ではなく外の組織として再建されました。

1989年のベルリンの壁崩壊による東西ドイツ再統一に伴い、西ドイツにしかなかったものが旧東ドイツにも広がり拡大しました。そして、とにかく宗教的な基盤も何もない、中立な立場の1つの援助機関として存在し始めます。AWOの基礎的な価値はどこにあるかというと、「ソリダリティ（solidarity：連帯、連帯責任、共同責任）」です。「寛容な態度で」「自由を求めて」「平等である」「権利

写真 2-9　シニアホームの外観

写真 2-10　ホーム長のホルカ・レテペニング
さん

写真 2-8　SENIORENHEIM
KÖNINGSBRUNN

を主張する」ということです。

　サービス内容は社会福祉政策の実施であり、高い専門能力を持っ
た人とボランテイアで構成されています。ドイツでは同様の福祉団
体が 6 団体（カリタス、パリテート、ユダヤ中央、ディアコニー、
ドイツ赤十字、そして AWO）あり、AWO は 3 番目の規模となっ
ています。公益団体として、財源の 60％は公的補助によります。

　AWO には 10 項目の目標があります。4 番目の項目のところでは、
「われわれは老人が自分の生活に責任を持って自分で生活できるよ
うに、それをバックアップしてあげられるよう生活の価値を広めて
あげよう」というスローガンがあります。

　バイエルン州などの州単位で AWO の組織は 30 あります。郡単
位では 430、ケーニッヒスブルンのような自治体では 3,800 です。1
万 4,000 の施設があってサービスの提供が行われています。会員の
数は 38 万 2,000 人で、7 万人がボランティアです。従業員として仕

事をしている人は17万3,000人です。

AWO・シュヴァーベンの事業

　シュヴァーベンとは、バイエルン州のアウグスブルクを中心とする行政地区のことです。この地域で老人にどのような援助をしているかというと、自宅で介護を希望している人たちには訪問介護をします。シニアホームに入所している人たちのケアをします。高齢者に対するいろいろなアドバイスをします。高齢者に対してこういう3つの仕事があります。

　子どもたちに対しては、幼稚園とかクリッペ（保育園）、学童保育もありますし、子どもたちを学校に連れていくといった通学の同行もします。障害者に対する車での送迎サービス、アルコール中毒や麻薬中毒といった中毒に関する指導と専門的な知識を教えたりします。エイズに対するいろいろな対応と家族が保養できるサービスも提供しています。

　私たちが訪問したシュヴァーベンのAWOには24のシニアホームがあり、中毒患者に対しては2カ所のクリニックがあります。実際に従業員として働いている人たちは3,000人です。何百という人たちが名誉職でボランティアをやってくれています。会員の数は1万人です。総資産は9,400万ユーロ（約94億円。視察当時）です。

AWOシニアホーム内の見学

　まず1階で説明を受けました。ここの建物の特徴は、建物のつくりが風車の羽根の形をしていることです（写真2-11）。このつくりのメリットは、どこからでも集まって来るのに短距離であることです。それからガラスを多用しているので、とても明るいということです（写真2-12）。雰囲気をやさしくするために、木材を多く使っています。床も木材で、PVC（polyvinyl chloride：ポリ塩化ビニル）を使えばクリーニングもすごく楽ですが、住んでいていい感じといいものを居住している人たちに与えたいために木材が多く使われています（写真2-13）。

　ドイツでは地下室がないことは珍しくありません。各階にファンクションの部屋を持っていて、従業員は地上で仕事をしている感じ

です。建物の奥にはセントラルキッチンがあり、450 食をつくって
います。ここから他の施設にも提供しています。ここのリネン室は
6 つのシニアホーム用です。ダイレクターの人たちのオフィスもあ
りますし、更衣室やハウステクニック（ハウスキーピング）の部屋
もあります。住居は 2 階から上です。1 階はファンクションの部屋
だけです。

　2 階、3 階は同じようなつくりの階になっています。1 フロアに
は 27 人が住んでいます。東側と西側のグループがあり、食堂やリ
ビングルームがあります。そして共同で何かをするときに使う部屋
もあります。

　住んでいる部屋を見せてもらいましたが、普通の住居のような感
じがします。まるで、自分の家にいるようです。朝食と夕食は**写真
2-14** のキッチンから全部セットされます。家政の職員がやります
から、ここに住んでいる人と家政の職員とのコンタクトができるわ
けです。入居者の中には食器洗浄機の中に食器を入れたりするのを

写真 2-12　吹き抜けのホールに設置さ
　　　　　れたエレベーター

写真 2-11　風車の羽根の形をした建物
　　　　　の図面

写真 2-13　1 階のリビング

手伝うことができる人もいます。ここでは、健常の人と認知症の人がミックスされていますが、喧嘩などしたりしないそうです。認知症の人たちにとってオープンな感じで自由に動ける、そして明るいことがすごく良いということです。

2階も3階も自由に動いてかまいません。カフェに行って、コーヒーを自由に飲むこともできます。夜間は建物の中全部を2人のスタッフで見ます。時間は21時から6時半までです。21時までの間にやらなければならないことは全部済んでいるわけです。オムツ替えや、治療のための投薬もすべて済んでいる状態です。ドイツの基準では夜は1対60ですが、この施設では1人の職員に対し40.5人の入居者で、基準よりずっと良いとのことでした。

私たちは3階に移動して説明を受けました。この施設では拘束は一切しません。ですから転びそうな人は床に座ったりします。重度の介護が必要な人は移動式の椅子に座らせて移動します（**写真2-15**）。昔はベッドに入って寝たきりでどこにも移動できなかったのですが、そういう人たちも今はこういう設備を使ってコミュニケーションがとれます。全部バリアフリーでないとダメだというわけです。

1人部屋を見せてもらいました。広さは24.5㎡あります。ベッド以外は全部自分で持ってきてかまいません（**写真2-16**）。家庭的な雰囲気と、何があるという自覚ができます。部屋の端には洋服ダンスなど結構大きなものがありますから、部屋にはタンスなどは持ちこまなくて済みます。電話、テレビ、インターネットも使えます。部屋にはバスルームがあり、専用の洗面所とシャワー室もあります。アルコールを飲んでもかまいませんし、バルコニーで喫煙をしている人もいます。まったく自由です。

バスタブはリフトで高さを調整することができます。歩けない人を助けられますし、ここに住んでいる人を援助する人の負担も減らせる機械です。この施設の要介護者の比率は、30%が要介護度Ⅰ、40%が要介護度Ⅱ、20%が要介護度Ⅲです。

私たちの訪問時には医師も来ていました。この施設に患者がいる場合には、1週間に1回とか2週間に1回の割合で診療に来ています。ドイツの開業医は結構大変で、1人の患者に対して3カ月で40ユー

写真 2-14　2 階のキッチン

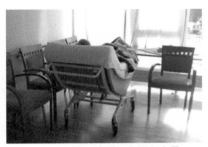

写真 2-15　重度の介護が必要な人用の
移動式の椅子

写真 2-16　個人の所有物が自由に飾れる 1
人部屋

ロしかもらえないそうです。だから何回来ても同じだと説明してく
れました。

どのような経過で入所してくるのか

　このホームはシニアホームというのが正式な名称です。2004 年
にオープンして、現在住んでいる人は 81 人です。そのうち 69 人が
シングルルームで、6 世帯がダブルルームです。従業員数は 102 人
です。どういう職業の人たちが働いているかというと、まず介護、
それから介護ではないが住人たちが退屈しないように運動をさせた
りお話をしてあげたり工作をしたりする専門職の人たち、そして経
営部門の人たち、そしてハウスビシャフトという、リネンを替えた
りする家政の職員たちがいます。キッチン、リネン室、クリーニン
グ、それから守衛のおじさんもいます。
　この施設の入居者はどこから来ているかというと、40％がケーニ

ッヒスブルンの住民、30％がアウグスブルクで、アウグスブルクの市内の一番中心部まで9キロだそうです。それから非常に興味のある話ですが、30％の人たちがドイツ全土から来ています。それはどういうことかというと、ケーニッヒスブルンは意外と若い町なので、子どもたちがここで生活して住んでいる人が多いそうです。つまり遠くに住む両親を呼び寄せるということです。

　それではどこからどのようにして、この施設に入ってくるのでしょうか。第一にクリニックや病院に入院していて、病気になった場合もありますし、長い間入院していた後この住居に来る場合があります。老人で自分の身の回りができなくなった、非常にひどい状態で生活していることを社会福祉課がかぎつけるわけです。そしてこういうところに送られてくる場合があります。

　そして、家族の一員がここに父親、母親を連れてくることもあります。その理由として、たとえば認知症になったりして、自宅で介護ができなくなった場合、家族の人がここに紹介してきます。

　長生きすればするほど家族の一員も歳を取ってくるわけで、体力的に介護できなくなってきます。

　ドイツでは病院に入院して退院できるとなった場合に、患者さんは家に帰るか、施設へ入所します。1人でやっていけないという場合は施設への入所をケースワーカーが判断します。しかし施設よりも自宅に帰って、自宅で介護を受けることを一番先に勧めるそうです。

　待機するのに時間はかからないそうです。ただ訪問介護が受けられるように、前もって話をして、バリアフリーにしたり、バスルームなど施設の改良をしたりしなくてはいけません。そういうことは前もって行い、初めて家に来た訪問介護の人も問題なく介護できるようにしているそうです。

ドイツ介護保険の課題

　だんだん高齢社会がやってきます。誰がこの費用を払うのかという大きな問題があります。それから、付属の病院をつくるかつくらないかが問題となっています。ホームとしてもドクターがいてほしいのです。病院に患者さんを移して治療を受けるよりもこの方が

安いからです。薬局も同じで、薬局から薬をもらった方がずっと安くなります。そういう経済的にできる方法もあるわけですが、それができない状態が現在あります。

　また、人事関係で大きな問題になっているのは、こういう介護職に就く人たちが少ないことです。非常に内容が密になってきて、頑張りすぎてバーンアウトの症状も出てきています。この職業に対する給料が低いこともあります。

　事務関係の仕事がものすごく多くて、実際にここに入居している人たちに使う時間よりも、そちらに集中的に時間がとられるジレンマもあります。あとは、高齢者介護という職業のイメージです。まだまだ社会から高く評価されていないということです。

3　2012 年調査からの示唆
―ケーニッヒスブルンの AWO 高齢者施設の視察調査を中心に―

　意見交換では参加者から 38 もの質問が出されましたが、本章では介護保険改革に関係する質問項目と回答について述べることとします。

ドイツの介護保険の自己負担は 6 割　市民保険を検討中

　まず出された質問は、「ドイツの介護保険の自己負担は 6 割と、かなり高いと理解していいか」というものでした。ホルカ・レテペニング施設長の回答は、ホームによってコストが違う場合があるが、だいたい 6 割だと言います。また、たとえば古い建物を改良して老人ホームとして使っている場合は安いところがあるかもしれないということでした。

　質問 2 は、「市民保険」の位置づけについての質問でした。ホルカ・レテペニング施設長の回答は、「どのように足りない分を賄うか検討中、あくまで付属の保険ということ」だと述べました。

　質問 3 は、市民保険は「誰が運営するのか」という質問でした。回答は「今のところ介護保険は収入のある人が払っているが全部ではなく、自由業の人は払っていない。しかし市民保険は全員が払わなければいけない。だから結局、介護保険＋補助保険という形で払

うという考え」だそうです。もう少し具体的に言うと、現在の介護
保険と同じように、必ず健康保険に入っていないといけないという
強制的なやり方でやるか、あとはプライベートで自分で判断してや
るか、どちらにするかまだ決まっておらず検討中とのことでした。
ただし、プライベートの場合では、老人になった場合には非常に貧
しい状態なので、社会福祉関係の金庫からお金を出してもらうよう
な結果になるのではないかという想定をしているそうです。

　市民保険は、健康保険なのか介護保険なのかという質問が出され
ましたが、それへの回答は「まだ決まっていない」ということでし
た。しかし、「今まで払っている保険料で間に合わないだろうから、
それに対応できるような保険をつくろうではないかという考え」だ
と述べました。

　最初の質問１に関連して、「自己負担の６割というのは保険料と
使用料と合わせてなのか」という疑問が出されました。回答は「住
居費、食費は要介護度Ⅰ、Ⅱ、Ⅲのどれであっても同じ額である。
だから、介護保険から出る金額によって自己負担額が変わってく
る」とホルカ・レテペニング施設長は述べました。

　また同氏によると、「自分で全部払えないといった場合どうなる
か。まず、年金でもってそれをカバーできるかできないか。その次
に、自分の持っている不動産とか財産があるかどうか。財産から収
入があるかどうか。たとえば自分の貸家を持っているとか、そうい
うもので収入があるかどうか。それもないといった場合に、パート
ナーまたは子どもの援助、それもできないという場合にはどうする
かというと、社会福祉課がカバーするというやり方です。だから、
社会福祉のお金が足りない分をカバーしている」ということでした。

　それから、「社会福祉課でカバーしている人たちは何割くらいか」
という質問もありました。回答は「35％。だいたい３分の１と一般
的に言われている」と述べました。

　「パートナーはわかるけれど、子どもの収入から出してもらうの
か」という質問も出されました。回答は、「子どもの収入にもある
程度限度があり、生活もしなくてはいけない。子どもたちが社会福
祉課のお金をもらうようになったらそれは大変なので、収入からの
拠出は決まった額があると思う」との回答でした。「介護保険が始

まってから、入居施設で介護を受けるようになったわけで、コスト
がダブルで必要となった。だから非常に負担額が大きくなってきて
いる」とも述べました。

　質問の中で「標準的な年金はどのくらいもらっているのか」が出
されましたが、回答は「1,200 ユーロ」とのことでした。つまり、
「介護保険料 1,800 ユーロのうちの 1,200 ユーロ」が年金です。

介護の質　監査

　「クオリティをどのように決めているか」というと、いろいろな
クオリティの内容があるわけですが、まず介護保険の法律にしたが
っているクオリティの検査があり、法律があります。権利の問題と
かいろいろな法律があって、それから新しくできたクオリティの法
律があります。あとは、何人に対してケアする人は何人でなければ
いけないとか、基礎的な決まりがあります。サーティフィケーショ
ン（証明、検定、または認可のこと）は EU とかバイエルンとかド
イツとか、いろいろな種類がありますが、AWO 自身はそれに興味
を持っていないそうです。なぜかというと、ものすごくお金がかか
るためです。

　介護住宅クオリティについての法律があり、内容としては 1 人で
使う部屋の面積が 15㎡と決まっているそうです。それによってい
ろいろな建築の、それを満たしていないような建物があった場合に
は改装しなければいけないとか、それに合わせていかなければいけ
ないそうです。

　他に、「EU では医師が自由に動けない。有資格者が自由に動け
ない点については、介護保険の分野ではどうなのか」と質問があり
ました。回答は、「言葉ができればという前提条件があるが、EU
の中は自由に国を替えて、いろいろな国々で働くことができる」と
いう予想した通りの回答でした。ただし、EU 外の国で、カリキュ
ラムを十二分にやっていないとか、そういう場合もあるわけで、そ
れと比較してそういった資格があるかどうかを決めるといいます。
ホルカ・レテペニング施設長は、メディカルサービスに言及しまし
た。メディカルサービスとは MDK（メディカル・デイ・クランケ
ンカッセ）です。

誰がクオリティを監視しているか、という疑問が浮かびます。答えはメディカルサービスです。たとえば1人の労働者が病気になって6カ月以上病気で仕事ができないような、年金生活に入らなければならない状態になった時に誰が判断するか、です。主治医は判断できないわけです。それをメディカルサービスが判断するわけです。年金をもらうとか、もらわないとか、それを判断するのがメディカルサービスという公の機関です。その人たちがホームに通知しないで、急に現れて検査をします。これは健康保険、介護保険を払っている、そういうクランケンカッセという1つの健康保険の組織があるわけです。そこから委託されている人たちがここにやって来て、ヤミで働いている人がいないかどうか、うまくやっているかどうかを検査するわけです。その次がハイム・アウフヒト（Haim-Aufuhito）というホーム監査部というところです。郡とか市町村の従業員で、老人ホームを1年間に1回、完全に調査するそうです。
　ハイム・アウフヒトは正式な名称で、ホームの鑑査をする人のことです。公務員などで、専門分野のクオリティと監査をしています。
　その次にゲベロ・アウフヒト（Gebero-Aufuhito）という営業をしているところがあります。営業しているところが管理しているわけで、たとえば事故を起こさないような対策が行われているかどうか、設備の問題で階段のところに柵があるかないかなどの項目をクリアしないと検査は通らないといいます。
　その次は保健所です。レストランまたはキッチンは衛生上どういう状態でやっているかとか、食品の内容として健康的なこと、それからカロリーの分野とかいろいろなことが十二分に行われているかどうかです。

ホームで何をするのか
　要介護度の報酬額に応じて内容が決まっているのは日本と同じです。このホームではどのような内容があるかというと、身体の衛生、衣服の着脱、失禁などのケアをすること、動くことができない場合には移動の補助、食事の補助です。日本と違う点は、注射をしたり、薬を与えたりもできるということです。
　「服薬は何となく理解できるが、介護職が注射もやるのか」とい

う質問が出されました。ホルカ・レテペニング施設長の回答は「できます」ということでした。

　「介護施設では看取りもするのか」という質問が出されました。レテペニング施設長の回答は「ドイツの国内では、いろいろな装置で生命を維持させるかどうかは自分の判断で決める。医者がこうやろうと言っても、彼／彼女がやらないと言ったら、それでおしまい。ここに住んでいる人はそういう権限を持っている。ここに住んでいる人は、ここで亡くなりたいということを希望している」と述べました。また、SAPV（Spezialisierte ambulante Palliativversorgung：専門外来緩和ケア）というものがあり、スペシャル外来という意味です。パリアティブは一時抑えとか緩和するという意味ですが、これは自宅でもこの施設でもそうですが、特別な教育を受けた医師が死を前にしている人たちになるべく痛みを緩和させて、死を楽にさせてあげようという考えでできた医学のことです。自宅に来てくれることもありますし、この施設に来てもらうこともあります。それは健康保険、医師の処方箋によるものです。健康保険でカバーされており、看取るときはそういうチームが来ます。その資格を持っている医師と、資格を持っている介護士のチームです。

　また、認知症、アルツハイマーの高齢者のためのケアの内容も用意されています。1日の日課を決めて、毎日繰り返して本人がわかるようにします。あとはプログラムをつくって、その中で訓練します。その次には精神的に心理的にケアをしてもらうことと、能力的に10分から15分くらいしか集中できない人向けのプログラムでケアをします。ケアは1対1でやる場合もあればグループでやる場合もあります。

　その他の分野でいうと、クリーニングなどの家政的な仕事をします。キッチンで昼食をつくるなど、いろいろなことをしています。家政的なケアの中に、たとえば食事を配膳するとか、リネンの洗濯とか、壊れた個所を修繕したりなどの他に、常に監視していてうまい具合に配膳が進んでいるかなどを見ることになっています。

　医学的な提供はどうかというと、もし必要があればアウグスブルクにある大学病院に送る可能性はありますが、クリニック・アウグスブルク（クリニック）があります。また、ホウエンシュトックには

アウグスブルクの大学病院の分院があります。ホービンゲンとかチバーフメンケンというところにもクリニックがあります。その他に心理的、精神的な問題があった場合には、チエークランケンハウス・アウグスブルク（病院）に行って、心理学的なケアをしてもらいます。近郊に複数の医療機関があるのです。

ドイツは自分で自分の医師を選ぶというシステムがあります。歯医者も設備が必要な場合にはこちらから出かけていかなければなりませんが、普通の歯医者とか耳鼻咽喉科とかの専門医にはホームに来てもらっています。

アポテーケ（Apotheke：薬局）については、非常にコンタクトが強い薬局があり、ホームまで薬を届けてくれるそうです。

地域との協力関係

ホームでの毎日が退屈しないように、いろいろなコーポレーションがあります。真剣な話だと、死を前にしている人には専門のホスピスの関係の人も来てくれますし、いろいろな専門医、眼科、耳鼻咽喉科、その他の医師、薬局も来てくれることになっています。また作業療法士や健康関係の治療士、いろいろな会社からも協力を得られます。もちろんケーニッヒスブルンの町の幼稚園や学校ともコンタクトをとっていて、年代を超えてさまざまな取り組みをしています。

「入居待機者はいるのか」を聞いてみると、「だいたい半年か9カ月くらい待つ」という回答でした。ケーニッヒスブルンの町が老人ホームが欲しいということでコンペをしたところ、AWOがその権利を得たということです。ケーニッヒスブルンの町は土地代を安く提供してくれました。建物の経費と建築費はすべてAWOが出費しています。ここに移ってきた時にはこの周りはまったく何もなかったのですが、どんどん家が建っていきました。

現在、名誉職でホームを毎日手助けしてくれているボランティアの人たちが50人います。ホームで仕事をしている人たちは自分の専門分野を持って、濃密なプログラムを提供しているので余裕がないそうです。それをカバーしてくれるのが名誉職のボランティアです。レッドクロスやカリタスともコンタクトをとって、自分たち

（AWO）にないサービスはカバーしてもらい、レッドクロスやカリタスにないサービスは AWO がカバーするというような協力関係をつくっています。

現地からの示唆─介護の問題点

　ドイツの実態からどのような問題があるかというと、高齢社会がやって来るが、誰がこの費用を払うのかという大きな問題があります。それから、その次に介護保険以外に付属の保険をつくるかつくらないかなどの問題があります。そして、ホームとしてもドクターがいてほしいわけで、病院に患者を移して治療を受けるよりもホームの方が医療費は安いわけです。薬局も同じで、そういう経済的にできる方法もあるわけですが、それができない状態であるというのが問題です。

　まず人材で大きな問題になっているのは、介護の職業に就く人たちが少ないということです。非常に内容が濃密になってきていて、働きすぎでバーンアウト症状も出てきています。このような介護の職業は大変労働過重な職業ですが、それに対する給料が低いことも問題です。

　そして老人介護という職業のイメージも問題です。まだまだ社会から高い評価を得られていないと、社会福祉関係は日本と同じであるとホルカ・レテペニング施設長は述べました。

　実際、ドイツ国内の介護のスタンダードはすごくいい方です。時々テレビなどで、ジャーナリズムがこういう欠点があったとか、こういう状態であったということを非常に悪く評価することがありますが、「ドイツ国内ではある程度安心していい設備を持っているし、働いている従業員の人たちもそれだけの資格を持っている人たちだ」とホルカ・レテペニング施設長が述べたことは印象深かったです。

おわりに

　これまで 2008 年改革と 2013 年から施行を目指す新たな改革法案についてみてきました。ドイツでは認知症への対応が遅れ、さまざまな問題が生じましたが、2008 年以降その改善策が着実に進行し

ていることがわかりました。そこでは認知症の人への見守りや世話などの対応策に加えて、居住共同体の促進、要介護者の自己決定権への支援、新たな介護専門職の育成などを通じて、単なる介護対策の枠を超えて新たな高齢社会の構築に向かっているように思われました。

　しかし、ケーニッヒスブルンのAWO高齢者施設（シニアホーム）の視察からわかるように、介護保険の財源の問題、介護の質の問題、介護人材確保の問題など、ドイツ国内での多様な問題点が指摘されたことは大変学ぶべき点が多かったと思います。そしてそれらは、日本の介護保険制度における現在の問題点と共通する課題も多くあり、日本への示唆は少なくありませんでした。

　筆者はこれまで2005年11月にミュンヘンでの在宅看護の調査を行いました（小磯2006）。そのときに介護保険制度についてもバイエルン州の疾病金庫（MDK）を訪問して調査を行ったことがあります（小磯2007a）。その後も、文献等の調査結果について発表したこともあります（小磯2007b）。

　2005年の訪問調査から7年が経過しました。ドイツの介護保険制度は、現在進行形で成熟していると考えられました。

文献

小磯明「まだ未成熟に思えるドイツの『介護の社会化』」『コミュニティケア』Vol.08、No.03、日本看護協会出版会、2006年3月、pp.59-61。
小磯明「苦悩するドイツの介護保険——バイエルン州MDKの視察と最近の動向から——」『福祉の協同研究』No.1、福祉の協同を考える研究会、2007a年7月、pp.42-49。
小磯明「ドイツにおける介護保険改革構想——介護保険導入から12年を経て、人材養成の動向を中心に——」『福祉の協同研究』No.2、福祉の協同を考える研究会、2007b年11月、pp.31-37。

第Ⅱ部　介護強化法 (2015 ~ 2017 年) と現場の実践

第3章 ドイツの介護強化法（2015〜2017年）

フランクフルト　レーマー（Römer）広場

1. 社会環境の変化と給付範囲

　ドイツにおいても、1980年代から高齢者が増えてきました。ドイツの高齢化は、日本より10年遅れていると一般的に言われています。認知症の人の数が増える、高齢になればなるほど独居の世帯が増えていきます。しかし、日本よりも進んでいるのは、女性の就労率が非常に高まっていることです。これは、就労率という量的な問題だけではなく、働き方が本格的になってきているという意味も含んでいます。そのため、家族が介護できずに、施設への入所介護のニーズが高まるという社会的背景になっています。ただしドイツ

においては、後述するように、いろいろな理由があって、他のヨーロッパの国々と比べて施設介護の利用が低レベルです。

　本稿は、2017年8月から9月にかけてのドイツ・フランクフルト、ミュンヘンの視察調査を踏まえて、以下述べることとします。

　なお、第Ⅰ部では日本式の「要介護度」という言い方をしていましたが、第Ⅱ部ではドイツ式の「介護度」という言い方に統一しています。度数についてもローマ数字のⅠ、Ⅱ、Ⅲからアラビア数字の1、2、3、4、5に変えました。

ドイツの介護とは

　施設入所のニーズは高まっていますが、一応抑えられており、利用者の割合はほぼ一定しています。在宅ケアと施設ケアの利用者の割合はおよそ7対3です[1]。施設利用の割合は3なので、家族の負担が非常に重い状態です。「家族負担をどうやって軽減して、家族を中心とした介護を今後も持続していくか」が、ドイツの社会課題になっています。

　ここで在宅という場合、家に一緒に住んでいるかいないかでいうと、介護する人とされる人は多くの場合は一緒に住んでいません。子が近くに住んでいる場合は、父親母親の家に通って、1週間のうちある一定の時間数世話をする形が多いです。しっかり世話をする人もいますが、その間に介護保険の事業者サービスを少し混ぜながら介護するといったイメージです。

　在宅を非常に推進している政府ですが、この根拠になっているのは法律です。社会法典という法体系があり、その中に医療や社会福祉に関する枠組みを決める法律があり、その第11篇が介護保険法です。その介護保険法に、ドイツでは「介護保険とは在宅を優先する制度」だと明確に打ち出されています。それにのっとって、「社会が変わっても家族介護、そして在宅介護が続けられるように」ということで、制度改革が行われています。そういったことから、介護をする家族の人たちの支援が非常に重要です。その点に関しては、意外に充実した給付が行われています。

　まず現金給付があります。主に家族が介護しますが、家族でない場合も増えてきており、近所の人たちや友達が普通の仕事をしない

で1週間に一定時間以上介護の仕事をしていることを保険者（介護金庫）に証明します。それを証明できると、この人は在宅介護をしている当人なのだということで、その人向けに要介護者に現金の給付が行われます。

　介護をする人たちにはその分、一般の経済活動ができないわけなので年金補助を付けます。それ以外にもちょっとした社会保障の補助が行われています。またレスパイトケアも年々手厚くなってきています。そのような形で、制度としての介護を支援・促進しています。これに加えて、ボランティアの支援制度の利用も推進しています。これには有償のボランティアがあり、この有償ボランティアは普及が非常に成功した制度の1つになっています。

　制度外のことでいえば、これは「公の秘密」ということで、たとえば事業者に話を聴けば聴けますが、役所はあまり話したがりません。それは、出稼ぎの外国人による住み込みでの24時間介護の利用者が実は大変多いことです。どれくらい多いかはわかりません。というのは公的な統計をとりませんし、制度の中に入っていないので把握しようがないからです。ただ、いろいろ調査をしている人たちによると、在宅で介護を受けている人の10人に1人、もしかしたら7〜8人に1人は利用しているのではないかということです。

　外国人はどこから来るかというと、東欧からが一番多いのです。ポーランド、チェコ、最近はウクライナからも結構多く、ウクライナは少し怪しいですが、ポーランドはEUなので労働の自由が保障されています。だからドイツに来て働くこと自体は違法ではないし自由です。少しグレーな部分はありますが、「合法ではないけれども違法ではない」という位置づけになっています。

　ドイツでは在宅ケアが非常に推進され支援されている中で、現金の受給者は受給者全体の約半数を占めていると言われています。これにはプラス面もありますし、マイナス面もあります。プラス面は国レベルでみると「介護保険の支出が減る」という良さがありますし、個人レベルでは「自分の懐が痛まない」という良さがあります。

　またもう1つ社会面でも、北欧では国が世話して当然だという文化ですが、ドイツではやはり「家族の中で介護するのが当然」、「親の世話は子がすべき」という概念があって、社会的に子が期待され

表 3-1　高齢化の推移予測

（単位：百万人）

	Population in total （総人口）			Older population aged 65+ （65 歳以上高齢者）		Very old population aged 80+ （80 歳以上高齢者）	
	2005 年	2015 年	2050 年	2005 年	2050 年	2005 年	2050 年
Japan （日本）	127.8	126.6	97.1	25.8 (20.2%)	37.7 (38.8%)	6.4 (5.0%)	16.0 (16.5%)
Deutschland （ドイツ）	82.5	81.4	72.1	15.6 (18.9%)	22.8 (31.6%)	3.6 (4.4%)	9.8 (13.6%)
USA （アメリカ）	295.5	321.4	399.8	36.6 (12.4%)	83.7 (20.9%)	10.3 (3.5%)	30.9 (7.7%)

注 1)（　）内の％は、総人口に占める割合。
（出所）OECD Health Statistics 2016. より筆者作成。

るという面があります。そういったことから面目を保つためとか倫理的に正しいという意味で、満足感があることもあります。

　マイナス面は、精神的身体的に介護者負担が非常に大きいことです。それから雇用です。フルタイムで働いていた人がパートタイマーになってしまったりします。もしくは仕事をやめてしまう人もいますし、早期退職してしまう人もいます。そういった人たちは、まだ現役として働けるのにリタイヤすることで収入が減ってしまいます。それによって、その人たちが高齢化した時に、年金が減ってしまうわけです。そうすると、今度は将来の高齢者の貧困問題につながります。実はそういう問題があるのですが、そこまで将来を見据えて制度設計されていません。年金に対する補助が最近始まりましたが、微々たるもので、そこがよく批判される点です。

　以上が社会環境とインフォーマル・アンド・フォーマルケアの関係であり、ドイツの介護のイメージです。

高齢化の推移予測

　表 3-1 は「高齢化の推移予測」です。これは OECD の資料ですが、日本とドイツ、そして若い国アメリカを参考に付けてあります。人口はどれくらい違うかというと、2005 年の日本は約 1 億 2,800 万人、ドイツは約 8,250 万人です。ドイツの人口は、日本の人口の

65％です。難民等が入ってきていることもありますが、実は 2 ～ 3 年前から少子化対策が成功して出生率が上昇しており、少子化が止まっているからです。そういった状況から、2015 年には 8,140 万人になっています。110 万人ほど減っていますが、だいたい人口を維持している感じです。

　そして、ドイツの総人口に占める 65 歳以上の高齢者の割合は、2005 年は 18.9％でしたが、2050 年には 31.6％と予測されています。日本は、2005 年は 20.2％ですが 2050 年には 38.8％です。日本の方がまだ多いのですが、ドイツは日本よりも 10 年遅れているということもあって、80 歳以上の超高齢者の占める割合をみると、ドイツが 2005 年の 4.4％から 2050 年には 13.6％になると予測されています。日本の 2050 年は 16.5％が予測されており、ドイツより割合が増大します。ちなみに、参考として掲げたアメリカをみると、2050 年まで総人口は増え続けます。65 歳以上高齢者数は 2.3 倍になり、総人口に占める割合も 8.5 ポイント増加します。80 歳以上高齢者も 3 倍になり 4.2 ポイント増加します。アメリカは、日本やドイツとは趣が異なることがわかると思います。

65 歳以上人口の介護受給者割合と入所・在宅の内訳

　ドイツは、在宅ケアが比較的多いといいますが、2013 年の

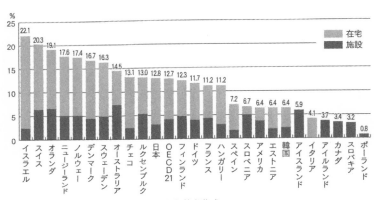

（出所）OECD Health Statistics 2013. より筆者作成。

図 3-1　65 歳以上人口の介護受給者割合と入所・在宅の内訳

OECD 資料から検討したのが図 3-1 です。これは 65 歳以上の人の介護受給者の割合と入所・在宅の内訳です。日本は 65 歳以上人口の 12.8％が介護保険を受給しています。ドイツは 11.7％です。日本の方が受給できる人の範囲が非常に広く、ドイツは厳しいということがありますが、最近少し介護改革があって広がっています。しかし、2013 年度の段階では非常に厳しかったのです。一方で、権利を主張することに関しては、日本人よりもドイツ人の方がその傾向が強いので、少しでも要介護かなと思うと、介護保険を申請します。

　在宅の割合は、ヨーロッパの中で特に北欧の国と比べると、ドイツは低めということがわかります。日本と比べても在宅が少ないです。65 歳以上人口の施設と在宅の割合を確認すると、ドイツは施設が 4％ですが、日本は 2.5％です。

　「ドイツの公的介護保険における給付種類別受給率の推移」から 2014 年をみると、現金給付は全体の 45.1％です。施設介護は 24.4％、現物給付は 5.3％、そして現金・現物給付の組み合わせは 15.1％でした（BMG 2015）。公的介護保険における 2014 年の収入は、259 億 1,000 万ユーロです（齋藤 2015）。日本円でいうと約 3 兆 6,000 億円です（2014 年のレートを 1 ユーロ＝140 円として計算）。日本の介護保険給付関係の平成 28（2016）年度累計の総数は、件数 1 億 5,795 万件、単位数 9,350 億単位、費用額 9 兆 6,611 億円、利用者負担を除いた給付費 8 兆 6,717 億円となっています（厚生労働省）。そしてドイツの介護保険は自分の持ち出し、自己負担分が多いです。ドイツの介護保険は部分保険なので、「介護保険の給付額では、介護費用の約 6 割しかカバーしていない」（齋藤 2015）のです。

保険給付範囲

　次は、給付の範囲です。サービス価格は、事業所によって違ってきます。たとえば、ラグジュアリーな施設だとそれなりに高いですし、人員がたくさんいる施設でもやはり価格は高いという制度になっています。それでも給付は一定額で、その中で「だいたいの場合は不足になる」という状況になっているので、まさに部分保険と言われているのです。

　そして要介護度は、2016 年までは I、II、III の 3 段階でした。

プラス、体は元気な認知症の人で要介護定義の中に当てはまらなかった人がおり、その人は少ないながらも一定の給付があるということで、「要介護度 0」という不思議な名前が付いていました。ただし介護改革が行われて、2017 年 1 月 1 日から認知症の人たちも「要介護だ」ということで、定義上も認められて要介護体系に入ってきて、現在は 5 段階になりました。

　介護の定義を変える際に、従来は日常生活動作における障害の支援ということで、身体的な障害に注視して要介護度を決めていましたが、それがいろいろな意味で本人の生活における自立度、または残された、あるいは残されていない能力がどうなっているかを注視して決める制度に変わりました。

　受給者数は何人くらいいるかというと、2013 年末で 263 万人であり、新しい制度になって随分増えました。この数には民間も含みます。これは何かというと、ドイツの制度は公的保険なので約 90 ％の国民が入っています。残りの 10 ％は民間の個人保険に入っています。なぜそんなことをするかというと、それは介護保険よりも前に医療保険（ドイツでは疾病金庫という）が労働者のための制度だったため、原則的にお金のある人たちや自営業者（医師や弁護士）は、「そういう労働者ではない人たち、自ら経営しているような人たちは別枠に入ってください」ということで、制度が別になっています。そして、介護保険というのは、自分がもともと入っていた疾病金庫に自動的に入ることになっているので、このような区分けがあるのです。ただし制度的には介護保険に関しては医療保険とは全然違う制度ですが、民間の保険もほとんど同じ仕組みを取っています。

　初めは単純なサービス体系だったのですが、だんだんと給付が豊富に拡充すると同時に、サービスの内容も多種にわたるようになりました。そういった中で、誰がサービスを選択するのかというと、もともと本人・家族であり、現在でも本人・家族が選ばなければなりません。日本の場合はケアマネジャーがほぼ自動的につきますが、そういった制度はドイツにありません。利用者はどうするかというと、いろいろな相談所に行くことになるのですが、法律の中では「介護金庫つまり保険者の方でちゃんと相談にのりなさい」という

ことが義務付けられています。ただし介護金庫に行こうと思っても周りになかったり、電話するのはちょっとためらったりというような人のために、別の相談機関もいろいろあります。実はこの相談の体制に関しては、問題があると当時言われており、今後、これを何とかしなくてはいけないという議論がされているところでした。

　そういう状況の中で、どうにかしてメニューを組み合わせなければならないのが現実ですが、メニューは誰が決めているのでしょうか。施設に関しては、入所してしまえばメニューは全部決まっているので問題はありません。在宅で家族が介護をしている人の場合、ここで重要な役割を果たすのは業者になります。たとえば、ディアコニー[2)]の在宅事業者と要介護者本人、もしくはその家族が契約を結びます。その契約を結ぶ際に、ドイツでは介護度（第Ⅰ部では日本式の「要介護度」と言っていましたが、第Ⅱ部ではドイツ式の「介護度」という言い方をします）といいますが、「この人は介護度がいくつだから、その枠内でこれとこれというようなメニューの組み合わせがいいですよ」ということを事業者が決めるのが実態になっています。ただし部分保険ということで上限額があり、そういったことを全部聞いていると絶対上限額を超えてしまいます。そのようなことから、通常、事業者は頼まれて見積もりを出しても、「これは高すぎるからもう少しサービスを削ってくれ」と言われて、2回目3回目の見積もりを出さなければならないことが多いのです。

　北欧やオランダは税金で介護の財源を賄っている国なので、できるだけ費用を抑えるという機能を果たすためにケースマネジャーがいますが、ドイツでは経済面に関すると、「モラルハザードがないので必要がない」ということになります。これは経済面であって、サービス面を考えるとまた別の話になってしまうといった状況です。そうなると、部分保険で節約しながらサービスを使うことになり、やはり家族にいってしまう負担やサービスが足りないことがよく起こるのです。

　給付額を説明する際に「負担軽減手当」が出てきます。その手当はボランティア活動にも使えたりしますが、自助における支援にも使えます。また、レスパイトケアに対する給付で補足していくといったことをドイツでは行っています。

2.　給付額と財源

介護保険の主な給付額

　表3-2 は、2017 年度からのドイツの介護保険の主な給付額です。
「現金給付」をみると、介護度1 は給付はありませんが、介護度
2 は 316 ユーロ、介護度3 は 545 ユーロ、介護度4 は 728 ユーロ、
そして介護度5 は 901 ユーロまで増えていきます。その下に「現物
給付」があります。これは事業者に頼んだ場合、上限はいくらまで
給付されるかが書かれています。次に「グループホーム追加給付」
とありますが、グループホームは原則在宅の枠内の位置づけになる
ので、在宅の給付を受けることになります。ただしドイツのグルー
プホームは、日本と比べて給付額が少ないので、それを増やしてい
こうという動きがあって 214 ユーロという追加の補助が出ます。

　次に「負担軽減手当（在宅、償還）」が介護度にかかわらず125
ユーロ給付されます。これは主に何かというと、もともとは認知症
だけだと要介護度0 で、何もなかったのです。そういった人たちの
ために、世話をする人が時々休憩（休み）をとれるようにと、有償
のボランティア制度をドイツは整備しました。そして有償のボラン
ティアの人に「1 週間のうち1 ～ 3 日なり数時間、何かしら用事を
済ませたいときとか遊びに行きたいときとか、そういったときにみ
てもらうというような見守りをしてもらうために使ってください」
ということから始まった手当になります。この手当は、もともとは
認知症の世話サービスに使えるものだったのですが、最近はそれ以
外のものにも使えるようになってきて、「家事に近いサービスなど
に使ってもいい」ということになっていきました。それから最近新
しくできたのは、「相談役をつけるサービス」です。相談役という
のは原則有償ボランティアですが、家族が介護をしていて困ったと
き、話を聞いてほしいようなとき、相談したいようなとき、そうい
ったときに相談役という人があてがわれる制度です。「負担軽減手
当」はそういったものにも使えます。

　次に「現物給付（入所）」というのは、施設に入ったときに出る
上限額です。介護度5、最も重度であっても、2,005 ユーロしか給
付がありません。それもこの 2,005 ユーロの上限というのは、介護

表 3-2　2017 年度からのドイツの介護保険の主な給付額

（単位：ユーロ／月）

給付種類	介護度 1	介護度 2	介護度 3	介護度 4	介護度 5
現金給付（在宅）	—	316	545	728	901
現物給付（在宅）／部分入所	—	689	1298	1612	1995
グループホーム追加給付（在宅 +）	214				
負担軽減手当*（在宅、償還）	125				
現物給付（入所）	125	770	1262	1775	2005
入所者（介護度 2 ～ 5）負担定額**（ただし全国平均見通し）	—	580			

＊負担軽減手当：日常生活能力に大きな支障のある人の家族が、たとえば有償ボラン
　ティアによる通所もしくは在宅の世話サービスを利用した際に、領収書と引き換え
　に最高 125 ユーロ／月まで償還を受けられる。支援内容は、認知症者の世話（見守
　りなど）が中心だが、改革により最近は家事や買い物までバリエーションが広がっ
　ている。
＊＊入所者負担定額：ドイツでは介護ホームごと、及び要介護度によって介護料金が
　異なる。よってこれまでは要介護度が高いほど自己負担額が増える仕組みになって
　いたが、2017 年からはこの負担額に、介護度 2 ～ 5 に共通の上限を設けた。額はホー
　ムごとに異なる。対象は介護料金であり、食費・居住・投資費は対象外。
（出所）ドイツ連邦保健省。

サービスに対するものだけであって、「居住費、食費等は全部自己
負担してね」という制度になっているのです。これは本人の所得が、
どれだけ低いとか高いとかまったく考慮されず、みんな同じ額にな
ります。そうなると、入所しなければならない人たちはどうやって
入所しているのだろうと思われるでしょう。たとえば、女性がもら
っている年金は 1 カ月に 900 ユーロに満たないことが多く、非常に
少ないのです。昔は主婦が多かったということもあり、年金額が少
ないのですが、そうした場合、市町村の社会扶助[3]、日本でいう生
活保護をもらいながら足りない分に充てます。つまり、年金をもら
う、または家を売る、それでも足りない分は市町村から出るという
形になっています。市町村から社会扶助をもらって入所している人
の割合は結構高いのです。
　次の「入所者負担定額」というのは、また特殊な世界で、今まで
は要介護度が高ければ高くなるほど入所施設における自己負担は重

表 3-3　2016 年度ドイツの介護保険の主な給付額

（単位：ユーロ／月）

給付種類		要介護度 0	要介護度 I	要介護度 II	要介護度 III	過酷ケース
在宅	現物給付（月上限額）	231 (225)	468 (450) +221 (215)	1144 (1100) +154 (150)	1612 (1550)	1995 (1918)
	現物給付（月）	123 (120)	244 (235) +72 (70)	458 (440) +87 (85)	728 (700)	—
	追加的な世話給付*（月上限額）	104/208 (100/200)				—
	障害介護給付（年間 6 週間まで**）	1612 (1550)				—
	グループホーム追加給付（月）	205 (0)	205 (200)			—
	住宅改造	4000 (2557)				
部分入所	デイ／ナイト・ケア（月）	231 (0)	468 (450) +221 (0)	1144 (1100) +154 (0)	1612 (1550)	—
入所	完全入所	0 (0)	1064 (1023)	1330 (1279)	1612 (1550)	1995 (1918)
	短期入所（年間 6 週間***まで）	1612 (0)	1612 (1550)			—

＋：認知症など日常的能力が著しく制限されている人への追加的給付。
（　）：2014 年時点の給付額・範囲。
＊：従来認知症など日常的能力が著しく制限されていた人への世話サービスに対する給付。（身体的障害を持つ）要介護者も 104 ユーロまで。
＊＊：事業者及び家族外の人への介護・世話代。従来は 4 週間まで、近親者や子。
＊＊＊：障害介護の給付と組み合わせが可能。それにより 8 週間まで延長可能。
（出所）連邦保健省及び AOK ホームページ。

くなってしまうというシステムになっていました。「これでは負担が重すぎるのでは」となって、今後入所施設が料金体系をつくる際に、580 ユーロというのは全国の施設の平均額で、施設によってこの額は違うのですが、「自己負担額はここまで、これ以上の料金設定にしてはいけないよ」という意味での負担定額というように書かれています。これが導入されたのは、最近のことです。

　表 3-3 は、2016 年度の介護保険の給付表です。これは 2016 年か

ら2017年にどのように変わったかをみるときに、参考にするために付けました。ただし表3-2にはない制度がありますが、これはなくなったわけではなくて、変わっていないということで、その部分がゴシック太字になっています。

財源

　財源というのは、まず、「なぜ介護保険制度を導入したのか」という背景と深くかかわってきます。日本の場合は社会的入院という問題があって、医療保険財政を圧迫していたので、それを軽減するためにというようなきっかけがありました。ドイツもちょっと似ています。昔は身寄りのある人は家族が介護することに決まっていたのですが、身寄りのない高齢者の世話は、「市町村の社会扶助の枠内で面倒をみなさい」ということになっていました。ところが1970年代、80年代と市町村の財政が非常に厳しくなりました。高齢者も増えるし、とても社会扶助に財源をまわせないという状況になってしまって、「新しい財源が欲しい」ということになり、介護保険を導入したという背景がありました[4]。

　財政資金の提供方式は、基盤にあるのが連帯主義に基づく社会保険方式ということで、社会保険の保険義務の枠内で運営されている制度になります。これは現在の日本も社会保険方式なので似ていると思うかもしれませんが、大きな違いがあります。それはドイツの場合には税金が入っていないことです。これは実は非常に大きな違いです。今回の介護保険改革は大きな改革が行われて、そして給付額が時代に逆行して増えました。なぜそんなことが政治的に可能だったかというと、税金が入っていなかったからだと言われています。税金が入っていると、政府の縦割り行政の枠内で資金を増やすために、どこかを減らさなければならないということで、縦割りの分野間での攻防が激しくなりますが、ドイツの場合は税金が入っていないので、単純に被保険者が合意すればそれでOKです。ドイツの介護保険は部分保険で、節約型の保険です。国民の中では、やはりこれでは将来が不安だという声は、初めから聞こえていました。保険ができた段階からそういった話が出されていて、国民さえ合意すれば、拡大ができるという背景があったわけです。そして給付におい

て年齢制限がないことで、保険の支払いも年齢制限がありません。
20 代で働き始めたら自動的に源泉徴収で社会保険料が引かれることになります。そうしたことから完全な世代間契約に基づいた保険制度になっています。保険者は疾病金庫と同じ介護金庫に入ることになります。そして人によっては民間保険に入っています。保険料率は全国一律で 2.55 ％になりました。そして、2019 年 1 月には 3.05 ％にさらに引き上げられました。保険料は、原則労使折半になっています。これは日本と近いところがあります。そして、子どもがいない 23 歳以上の被保険者の保険料率は、折半分に 0.25 ％を加えたものです。制度当初は子どもの有無にかかわらず一律の保険料率でしたが、これを違憲とする連邦憲法裁判所判決が 2001 年にあり、2004 年に立法措置がとられました。罰金とでもいっていいのか、「あなたは子どもをつくらなかったので、将来制度のお世話になるリスクが高いでしょう」ということで、そのリスク分を持つという意味があります[5]。

　そして自己負担については、部分保険ということですので、負担が非常に重い制度であり、施設介護になると、食費また居住費が出ないこともあって、自分で持つ分が 2,000 ユーロ（2017 年 8 月時点の 1 ユーロ＝ 130 円で計算すると、26 万円）を自己負担しなければならないこともよくあります。在宅においてもある程度、50 ユーロだったり 100 ユーロだったりと、額的には少額になりますが、自分で払っている分が結構あります。日本は 10 ％しかないということでこれは非常に低めです。

　ここまでが「ドイツの介護保険制度の概要」です。

3.　ケースマネジメント

要介護者のリハビリテーション

　訪問看護やリハビリテーションは日本の介護保険のように給付対象になっていないのか疑問です。ドイツの介護保険制度では、在宅介護は主に訪問介護のことで、看護とリハビリは疾病金庫の担当になっています。リハビリは介護において、予防的意味でも、これ以上悪化させないという意味でも、重要であることに初めから気付い

ていました。

　調査当時、リハビリについての批判がとても大きくなっていました。新しい要介護定義とともにリハビリの要介護認定を行うことを「鑑定」といいますが、その「鑑定」を行う段階で「リハビリを入れたら、この人はもっと良くなるのではないか」という潜在性のある人の場合は、鑑定者が「リハビリをすべき」と指示することができるようになりました。介護に対するリハビリテーションの優先は法でも定められています（社会法典第 11 篇第 31 条）。

　吉田（2018）は「2017 年から要介護定義の変更により、認知症者と軽度者にも介護保険の対象が広がった。併せて、要介護アセスメント時にリハビリテーションほか予防策の必要性の調査が MDK 鑑定員に義務化され、従来必要だった疾病金庫の合意無しでも必要な予防策の実施が可能になった」と述べています。

　疾病金庫に義務付けられたのですが、制度が始まったばかりでうまく動いているかどうかはまだわかりません。たとえば、要介護者のリハビリテーション利用は、「社会介護保険とこれを管轄する公的医療保険との利害の不一致などから、思うように進んでいない」（吉田 2018）という調査結果もあります。

　しかし、「疾病金庫が要介護者に医療上不可欠なリハビリテーション措置を施さなかった場合は、介護金庫に補償金 3,072 ユーロを払わなければならない」（連邦保健省、2018 年 3 月現在）との罰則規定もあります。

介護度が重くなったら申請するが軽くなっても言わない

　ドイツでは要介護度の期間はどれくらいに定められているのでしょうか。日本では 1 年間で、重度の場合では 2 年間です。ドイツでは介護保険の有効な認定期間があるのでしょうか。答えは「無期限」です。たとえ軽くなったとしても本人は言いたくないのです。それは介護度が 3 と出たら、そのままずっと介護度 3 となります。重くなったら自分から申請しますが、軽くなっても言いません。「それでは少し問題があるのではないか」と、当初から介護金庫も思っていました。ただし介護金庫は、節約することに対するインセンティブがほとんどない仕組みになっているので、どうでもいいこ

とです。だから「見直しましょう」というような動きは一度ありましたが、いつの間にかなくなってしまいました。

　日本のようにケアマネジャーがいないことにも要因があります。日本では介護保険事業所を使うときに、ケアマネジャーがケアプランを作って「こういう介護をしていきましょう。それを家族と本人に知らせてやっていきましょう」となりますが、ドイツにはその仕組みがありません。

　つまり、「要介護認定に更新の仕組みがなく、一度、給付の権利を得れば本人も事業者も介護度が下がることはないため、保険者である介護金庫が予防やリハビリテーションを行って状態の改善を図るインセンティブ自体が弱い。ただし、在宅に戻るためのリハビリテーションを施設で行うことについては、本人が望むことであり、また、同じ介護度でも給付額が少なくなるため介護金庫にとって望ましいことであり、そこで、ドイツでは施設における在宅復帰のためのリハビリテーションについては推奨されている」（服部 2018）のです。

ケアプランを立てるのは介護事業者
　ドイツでは、保険者が要介護者にいろいろ教えてくれることはありますが、その要介護者に応じたプランを立てたりすることは原則しません。それをするのは在宅事業者の仕事です。介護する在宅事業者は、日本のようにいろいろな事業所を組み合わせて使うことをあまりしません。してもいいのですが、しないのが現実で、事業所に言っても「こういう問題があるのですけれども」と在宅事業者が言うと、言われた事業所は「こういうメニューがありますよ」と勧めることはしますが、話し合ってそれで終わりです。

　たとえば本人が言わないとしても、介護度が良くなっていくときに、それに対するモニタリングやアセスメントなどの本人のことを知るツールがあれば、プランもおのずと軽度なプランになっていくでしょう。日本ではそのようにしていくのですが、ドイツではプランが何も変わらなければ「介護保険を使えた、良かった」。それでそのまま進んでいくという感じなのでしょうか。吉田は次のように説明しています。

「要介護者が在宅現物給付の利用を決めた場合は、通常複数ある近隣の在宅事業者のうちからめぼしい事業者を選び、連絡する。連絡を受けた事業者は、要介護者の自宅に赴き、ニーズに合わせてメニューを組み、それに対し見積もりを出す」。「ケースマネジメントの適用範囲が限られているドイツでは、在宅分野においては実質的に在宅介護事業者は、介護の他、医師の処方があれば医療保険が給付する在宅看護も提供している」。「さらに、在宅介護において大きなシェアを持つカリタスやディアコニーといった有力団体は、最近の介護改革により給付が拡大された有償ボランティアによる世話や、日常支援（通院、役所、買い物等への付き添い）、家事支援サービスといった事業も展開している」（吉田 2018）と述べています。

ケースマネジメント制度を整備中

ドイツでは家で世話をする人がサービスを決めます。その人の負担が重くなったら、介護者本人の負担を軽減するために、新しいサービスを入れようかと考えるという感じです。そうだとしても部分保険で懐が痛むのはやはり自分なので、前提とされているのは「自分で賢く考えて」ということです。ただし、あまりにも複雑なケースの場合は、サービスの種類も増えているので、当人たちだけでは有効に使えないことが以前から批判されてきました。その批判に応えて、ケースマネジメント制度を導入しようと整備中でした（視察調査当時）。

ドイツは、公的介護保険は介護金庫、公的医療保険は疾病金庫、介護扶助などの福祉は市町村と、保険者、措置の主体が異なる上に、サービス実施主体もボランティアなども含めて多様であり、その選択が被保険者やその家族に任されていることから、被保険者やその家族が効率的、あるいは効果的なサービスの組み合わせを見出せるかと言えば難しく、そのことによる不適切な給付も少なくないという報告もあります（服部 2018）。

介護金庫という保険者は、その要介護者本人のリクエストがあったら、それに応じてケースマネジメントを行います。まさにモニタリングをするわけです。アセスメントを含めたケースマネジメントをしなければいけないことが法律で決まっています。

　ドイツでアセスメントを担当するのは、疾病・介護金庫のための中立的な助言・鑑定機関で、各地に拠点を置く MDK（メディカル・サービス）です。被保険者が加入先の介護金庫に介護給付を申請すると、介護金庫が当該地域の MDK にアセスメントを依頼します。MDK の鑑定員が要介護の度合いのアセスメントを原則当人の住居や施設を訪ねて実施することになっています。アセスメントには 1 時間弱かかると、MDK のホームページに記載されていました。

　ケースマネジメントの方法は標準化されてはおらず、各金庫でまちまちです。2012 年に公表された GKV（法的疾病保険）による介護相談及びケースマネジメントの全国利用実態調査の調査結果によると、「ケースマネジメントは介護相談の 17％を占める。在宅介護世帯全体においてはその 15％がケースマネジメント、30％が相談、42％が情報提供をうけていた。13％が利用していなかった」（GKV 2012；吉田 2017）のです。確かに、軽くなるインセンティブがないというのが、ドイツの場合は大きな問題だと私にも思われます。

負担軽減手当と障害介護給付

　おそらく何の現物給付も受けずに現金だけの人もかなり多いはずです。だから半数くらいは現金給付のみと考えられます。ただし追加的な負担軽減追加金というものがあり、「2017 年からのドイツの介護保険の主な給付」（表3-2）には「負担軽減手当」（在宅、償還）125 ユーロという部分はカウントされていないのでプラスになります。

　負担軽減手当とは、日常生活能力に大きな支障のある人の家族が、たとえば有償ボランティアによる通所もしくは在宅の世話サービスを利用した際に、領収書と引き換えに最高 125 ユーロ／月まで償還を受けられるというものです。支援内容は、認知症者の世話（見守りなど）が中心ですが、改革により家事や買い物までバリエーションが広がっています（表 3-2 ＊参照）。

　これは原則的に、現金給付でお世話をしている人のためといったイメージなので、その人たちの休みがとれるようにということです。そういった意味ではその数にはレスパイトケアも入っていません。「2016 年度ドイツの介護保険の主な給付額」（表 3-3）には「障害介

護給付」（年間6週間まで。従来は4週間までだった。）1,612ユーロとありますが、これはもらっても現物給付者にはカウントされない現金給付者という形になります。これは休暇、つまりドイツ人は夏のバカンスに出かけますが、そういった休暇をとってもいいよということです。その間、施設に預けたり、近所の人に預けたりする、そういった「時々見てね」という形で頼んでよいのです。その際近所の人にちょっとしたお金をあげる。領収書さえもらえれば、あとで介護金庫に請求できるという形になっています。事業者及び家族外の人への介護・世話代です。近親者はやや安めに設定されています。

介護給付対象になる入所サービス

　介護給付対象になる入所サービスの種類はどんなものでしょうか。たとえば日本でいうと特養があります。ドイツで入所サービスにどんなものがあるかというと特養だけです。たとえば日本のように有料老人ホームが介護給付の対象になることはないのかというと、有料老人ホームというカテゴリーがありません。あるのは高齢者住宅です。ただ高齢者住宅に入っている場合は、在宅という扱いなので、家で介護を受けていることになるから現物給付です。

　認知症でいえば、日本の「認知症対応グループホーム」にあたるものがあります。そういったものに入ると、この「グループホーム追加給付」214ユーロがもらえるという形になります。

　どのように定義するかによるのでしょうか。たとえば、日本の老人保健施設（老健）はリハビリテーションが付いていますが、いわゆる老健のようなものはドイツにはありません。入院型のリハビリ施設はありますが、ただそうなると、介護保険の対象の施設ではなくなって疾病金庫からの給付となります。そして、特養に入る基準はあるのかというと、それは何もないのです。まったく自由で「家族介護ができなければ特養へ」、これだけです。家族が介護できるが世話をしたくない場合でも、何の基準もなく入れることができます。別に上限額が決まっているだけであって、本人の懐（所持金）以外は誰の懐も痛みません。でも実は市町村の懐は痛むことが多いのです。市町村は、そこではあまり意見を言えないのです。

4.　日本への示唆

介護金庫は変えられるが意味がない

　金庫についていうと、ドイツの疾病保険は日本と違って被保険者が疾病金庫を選べる制度です。介護金庫の方も選べるかというと、介護金庫は自動的に疾病金庫と同じになるので、疾病金庫を選ぶと自動的に介護保険料は上乗せになるのです。では、金庫を変えようと思えば変えられるのでしょうか。選んだ介護金庫が嫌だから、他の保険者（介護金庫）に移ろうと思えばできるのでしょうか。

　移ることは可能ですが、意味がありません。なぜなら、疾病金庫は、保険者ごとに保険料率が違うので、保険料の安い方に移行するように作った制度なのですが、介護保険制度の保険料率は全国一律なので、介護金庫を変えても意味がないのです。保険料率が変わらないから変えても意味がないのです。

　ケースマネジメントを含む介護相談事業も主に介護金庫に任されてきました。しかしながら部分保険制度の下で介護金庫は、効果的もしくは効率的な給付・サービスの組み合わせをしたとしても経済上得るものがありません。そもそも介護保険制度においては保険料率は法定一律であり、保険料、ひいてはコストをめぐる競争がないのです。

　吉田（2019）は、「疾病金庫の加入者が自動的に同じ組織の介護金庫にも加入するようになっているので、顧客獲得のために相談サービスを強化するといったインセンティブを持つのは、どちらかといえば本人の支払い能力を超える介護費用を最終的に負担せねばならない市町村である」と述べています。

自治体は介護保険には介入しない

　市町村はお金を出すときに注文を付ける気がないのかというと、実は意見を述べることができますが、実際は介護保険に関しては力がありません。どういうことかというと、介護保険は基本的に事業主と労働者で保険料を折半します。いわゆるソーシャルサービスとしての高齢者介護にかかわることでいろいろ制御しますが、日本のように保険者ではないので、介護保険には介入はしません。日本の

介護保険のスキームとは違うということです。

　興味の焦点は、介護度認定を書き換えて、軽い人までサルベージ（salvage：救出）せざるを得なかった状況です。日本もいずれそうなるかもしれません。女性就労率が高まったり、要介護者から離れて住まなければならなくなった子が増えたりすると、そうならざるを得ないのではないかとも思われます。

　ただ、市町村も社会扶助をかなり出しています。特に施設に入るような人にはものすごい額を出しているので、施設などに行き、「ここで社会扶助をもらっている人がどれくらいいるのですか」と聞くと、3人に1人とか4人に1人、地域によっては半分と、かなりいるところもあります。料金は施設によってかなり差があるのです。ただし、自由に付けられません。その施設を運営していく上で必要なコストに見合った料金体系にして、それについて介護金庫と市町村の代表の合意を得ないと、その料金体系を実施することができないようになっているのです。したがって、どこで意見が言えるかというと、あまりにも高い施設に対しては、市町村は「嫌だ」ということで、拒否権を発動することはできます。ただ、なぜか市町村はあまり発動していません。市町村もそこまで余裕がないのかもしれません。

介護金庫と MDK

　ドイツでは 1883 年に労働者医療保険法が制定され、世界で最初の医療保険制度が誕生しました。しかし、ドイツの医療保険者の歴史はさらに古く、医療保険制度が創設される前から、疾病、障害、老齢、貧困等に対して救済活動を行う共済金庫（Unterstützungskasse）が存在していました。さらに共済金庫のルーツは、中世の手工業者によるツンフト金庫（Zunftkasse）や鉱山労働者を対象とするクナップシャフト金庫（Knappschaftskasse）にまで遡ることができます。「このため、ドイツでは労働者医療保険法が制定された際、新たな医療保険者を設置するのではなく、既存の共済金庫を法定保険者である疾病金庫（Krankenkasse）に衣替えすることが行われた」（藤本 2018）のです。

　藤本（2018）は、「疾病金庫は職場ごとに運営されてきた歴史的

表 3-4　種類別の疾病金庫数の推移

	合計	地区疾病金庫（AOK）	企業疾病金庫（BKK）	同業者疾病金庫（IKK）	農業者疾病金庫（LKK）	代替金庫（vdek）
1992	1223	271	741	173	21	15
1993	1221	269	744	169	22	15
1994	1152	235	719	160	21	15
1995	960	92	690	140	21	15
1996	642	20	532	53	20	15
1997	554	18	457	43	20	14
1998	482	18	386	43	20	13
1999	455	17	361	42	20	13
2000	420	17	337	32	20	12
2001	267	17	210	19	9	10
2005	169	14	130	9	9	6
2010	124	11	99	6	1	6
2016	118	11	93	6	1	6
2017	113	11	88	6	1	6

注 1) 各年の 1 月 1 日時点の数字。
注 2) この他に 2007 年までは船員保険及び連邦鉱業組合、2008 年以降は鉱業・鉄道・船員疾病金庫（KBS：Knappschaft-Bahn-See-ein Verbundsystem）があるが、合計数には含まれていない。鉱山労働者、鉄道労働者、船員を対象とする総合的な保険者である。医療保険の他に年金保険、介護保険なども提供している。なお、従来は船員を対象とする医療保険は独立した保険者が運営していたが、2008 年 1 月 1 日に統合された。
（資料）Daten des Gesundheitswesens 2017 p.114, Zahl der Gesetzlichen Krankenkassen.
（出所）藤本（2018）を改編して筆者作成。

経緯があり、1992 年にはドイツ全国で 1,123 の保険者が存在していた。しかし、1996 年の医療制度改革により、医療保険の被保険者が保険者を自由に選択できるようになり、保険者間の競争が導入され、急速に統合・再編が進んだ」と指摘します。

また、疾病金庫は 8 種類ありましたが、近年の医療制度改革によって保険者の統合・再編が進み、種類の違う保険者の間の統合も行われたことから、現在では、地区疾病金庫（AOK：Allgemeine Ortskrankenkasse）[6]、企業疾病金庫（BKK：Betriebskrankenkasse）[7]、同業者疾病金庫（IKK：Innungskrankenkasse）[8]、農業者疾病金庫（LKK：Landwirtschaftlichekrankenkasse）[9]、鉱業・

鉄道・船員疾病金庫（KBS：Knappschaft-Bahn-See-ein Ver-bundsystem）[10]、代替金庫（vdek：Ersatzkassen）[11] の 6 種類に集約されています。

　表 3-4 をみるとわかるように、疾病金庫の統合・再編が進む中で、特に閉鎖型[12] の企業疾病金庫（BKK）は大きく減少し、1992年には 741 ありましたが、2000 年には 337 とほぼ半減し、さらに2016 年には 93、2017 年には 88 まで減少しています。かつて代表的であった地区疾病金庫（AOK）は 1992 年に 271 ありましたが、2010 年に 11 となり基本的に各州に 1 つずつとなっています。

　さらに、各州には MDK（Medizinischer Dienst der Krankenver-sicherung：医療サービス機構）があり、介護金庫、もしくは疾病金庫のそれぞれの金庫からお金をもらって運営していますが、一定の鑑定くらいしかできません。かつ金庫の委託がないと動けませんし、お金ももらえないのです。MDK は州ごとにあります。その州にある金庫から会費をもらっているような感じで運営している組織なのです。

根底にあるのは補足性の原則

　何より、根底にあるのは補足性の原則です。お金のあるうちは自己負担がありますが、自分の預金も全部吐き出してしまう。少しだけは残しておいてもいい部分もありますが、家は売らなければなりません。そしてお金がなくなった段階で、社会保障が出動されるという形です。その時点では市町村がかかわります。市町村がかかわるのはそれだけです。ただ、介護改革第 3 弾では、「市町村の力を強めていきたい」と政府は思っているところでした。

　資産を売って、それでも足りなかった場合に、社会保障になるのです。子がいる場合は、子に親に対する扶養義務があります。あるにはあるのですが、そんなに単純な扶養義務ではなく、子が一定の収入を得ていて、かつ自分の家庭生活に無理がない場合のみ、親の世話をする義務が生じます。その下限額が結構高いのです。そのため、「結構お金持ちのみなんだな」という印象です。中流階級の人にはそれは影響してこないのです。ですから、特養に入って年金がたまっていくという日本のような仕組みはドイツにはありません。

それは日本でも、何とかしなければならない課題と思われます。毎月必要なものを買うくらいの少額のお金は手元に残しておいていいですが、あとは施設に入ったら、そこでかかる費用は自費で出してくださいとなるのです。足りない分は市町村がソーシャルセキュリティでみます。

　お金持ちは施設に入りません。お金持ちは高級老人マンション、サービス付きマンション、もしくは自宅にとどまっています。そして、家政婦を 24 時間雇っています。

移民は住み込みの介護労働力

　移民の人が働きやすい分野として介護があり、住み込みの介護労働力として考えればよいです。イタリアはそういう考えで制度設計しています。ドイツも同じですが、オーストラリアなどは制度設計にしっかり組み込んで、実際に制度としています。制度に入れると、質のコントロールができるので、そこまでやっています。ドイツはそこまでしていません。

　その他に大きいのは働く人の人権問題です。密室で働くので何をやらされるかわかりません。必要以上に使われているケースがありますが、半分グレーで働いているので、最低賃金さえ守られていないケースもあります。他にも社会保障費を払わないといけないのに、ポーランドにエージェンシーがあり、エージェンシーが人を送っているので払われないケースもあります。ポーランドにおける社会保障は、本来はエージェンシーの方で社員のためにしなければならないはずです。そして、派遣しているという形をとらなければならないはずですが、それをしていません。本人も結構取り分がなくなってしまいますが、それでもいいと思っています。社会保障費なんて払いたくないとも思っていて、そういうグレーな状況で働いていることをわかっています。そのため、搾取されてもなかなか裁判所に訴えたりできないのです。それをしたら自分もつかまってしまいます。

　契約を結ばない限り賃金は発生しませんが、契約を結ぶのは本人ではなくて、エージェンシーが契約していることが多いのです。言葉の問題はありますが、それではいけないということで、良いエー

ジェンシーも最近はできています。そのクリーンさをうたって、消費者にアプローチするようなところも最近は増えてきています。しかし、多くの利用者は少しでも安い方がよいのでインターネットで一番安いところを探します。「介護　東欧」と入れると、すごい勢いでヒットしてくるのです。

民間の営利会社が在宅と施設で進出

　特養の数はどれくらいあるのかというと、約8,000です。それで賄えるということですが、地域によっては足りなかったりします。ベッドが空いている率は、日本では随分低いですが、日本のようではありません。ベッドが埋まっている率が8割くらいだったと思われます。今からつくれるかというと、ドイツは勝手につくれる自由産業なので、ニーズがあるところにはつくってもいいことになっています。

　提供事業者としては、事業者6団体に加えて民間にも門戸を開いています。サービス提供事業者は主に民間です。それは、施設も在宅も同じです。民間にもいろいろあって、営利企業と非営利企業とがあります。カリタス、赤十字など、全部で6つですが、ドイツには大きな福祉団体があります。ディアコニーもプロテスタント系の大きな教会組織の福祉団体です。そういった大きな教会福祉団体というのは、原則非営利の団体であり営利団体とはされていません。ただし、最近介護保険が導入されてから、民間の営利会社が在宅においても施設においても進出しています。

　規制がないので、施設長になる人の資格は特に決まっていなかったのですが、プロの資格を持った介護者はよく「老人看護師」と訳されていて、介護士がその規模に合っただけ人数が揃っていて、その施設基準を満たしていれば、その業者がそこを開設することができます。介護金庫が、その業者と契約を結ぶことは義務付けられるという形をとっています。完全に自由に参入させるという制度で徹底しているのです。

注

1) 「要介護度別受給者数の推移」から「在宅給付と施設給付の比率」をみると、1996 年は 75.14 対 24.86 でしたが、2012 年には 69.56 対 30.44 に推移しています（BMG 2013）。

2) ディアコニー事業団は、1848 年、神学者 J.H. ヴィヘルン（Johann Hinrich Wichern, 1808-1881）によって設立され、1849 年には「ドイツ福音教会内国伝道中央委員会」（Central-Ausschuss für die Innere Mission der Deutschen Evangelischen Kirche）と命名されました。1945 年、前述の内国伝道中央委員会とは別に、「ドイツ福音教会援助事業」（Hilfswerk der Evangelischen Kirche in Deutschland）が発足しましたが、1975 年には両者が併合し、「ドイツ・ディアコニー事業団」（Diakonisches Werk der EKD e.V.）として現在の組織となりました。そして現在は、ドイツ国内において、カトリック教会によるカリタス連盟、労働者福祉事業団、ドイツ赤十字、ドイツユダヤ人福祉事業団、ドイツ諸宗派福祉事業連盟という 5 つのグループとともに、国家が認定する連邦任意社会福祉協会を構成する団体の 1 つとして位置づけられます（梶原・岡本 2015）。

3) 連邦社会扶助法は、一般的な生活援助にかかわる扶助として、衣食住にかかわる生活扶助や就労のための労働扶助を規定するほか、特別な生活状態における援助として、生活基盤の創設と保証のための扶助、予防的保健扶助、疾病扶助、家族計画扶助、妊産婦扶助、障害者のための社会的統合扶助、全盲扶助、介護扶助、家政の継続執行扶助、特別な社会的困難克服のための扶助、ならびに所得・財産条件に依拠しない老人扶助を規定しています（連邦社会扶助法第 27 条以下）（本沢 2002）。

4) ドイツでは、歴史的に福祉サービスは社会福祉団体を中心に民間主導で展開されてきました。したがって、施設介護も在宅介護も利用者との間で契約によって提供され、その対価として利用者が支払うべき利用料は全額自己負担を原則としてきました。しかし、介護施設の入所費用には、介護費用ばかりでなく、ホテルコストや投資コストも含まれており、多くの入居者が自己の年金や財産だけでは入所費用を負担できず、連邦社会扶助法による要介護者数の増加、介護施設の入所費用の高額化に伴って、介護扶助に関する財政支出は急激に増加しました。そのために社会扶助の担い手である州や郡・市といった地方自治体の財政が圧迫され、抜本的な解決策が連邦に求められたことが、介護保険導入の直接の原因になったと言われています（本沢 2002）。

5) 日本の子ども保険においては、子どものいない人に保険料を上乗せするかどうかの議論になったことが参考として挙げられるでしょう。

6) 地域住民を対象とする医療保険者です。他の疾病金庫に加入しない保険加入義務者が加入することから最も一般的な保険者だと認識されており、ドイツ語の名称には「一般（Allgemeine）」という言葉が入っています。直訳すれば一般地区疾病金庫ですが、慣例に従い、地区疾病金庫と呼ぶこととします。かつては最も加入者の多い疾病金庫でしたが、保険者選択制の導入によって加入者が流出しました。現在では、代替疾病金庫に次いで二

番目に加入者が多いです。（以下、注 11 までは藤本 2018 を参考にしています。）

7) 企業を単位として設立される医療保険者です。少なくとも 1,000 人以上の保険加入者を雇用するなど一定の要件を満たす場合に設立することができます。単独の大企業が設立する他に、複数の企業が共同して設立する場合もあります。日本の健保組合に類似しますが、ドイツでは州・市といった行政機関の疾病機関も含まれるなど、異なる点もあります。

8) 手工業者等の同業者組合ごとに設立される医療保険者です。少なくとも 1,000 人以上の保険加入義務者が常時いるなどの要件を満たし、職人委員会（Gesellenausschuss）の同意を得た場合、単独の同業者組合または複数の同業者組合が共同して設立することができます。

9) 自営農民とその家族従業員を対象とする医療保険者です。農業被用者は加入できません。他の法定保険者が基本的に加入者の保険料で運営されてきたのに対し、例外的に補助金も財源として運営されてきました。

10) 鉱山労働者、鉄道労働者、船員を対象とする総合的な保険者です。医療保険の他に年金保険、介護保険なども提供しています。なお、従来は船員を対象とする医療保険は独立した保険者が運営していましたが、2008 年 1 月 1 日に統合されました。

11) 伝統的にホワイトカラーの労働者を主たる対象としてきた職員代替金庫（DAK：Deutsche Angestellten-Krankenkasse）、技術職を主たる対象としてきた技術者疾病金庫（Techniker Krankenkasse）など複数の代替金庫が並立してきました。1996 年の医療制度改革において公平性の観点からホワイトカラーとブルーカラーの区別なく代替金庫に加入できることとされ、現在では 1 種類の代替金庫として分類されています。

12) 企業疾病金庫は、保険者の選択制が導入された際に、規約を改正すれば、設立事業所の従業員以外にも門戸を開くことが可能となりました。このような企業疾病金庫は開放型と呼ばれ、従来どおりに自社の従業員のみが加入する企業疾病金庫は閉鎖型と呼ばれます。

文献

Bundesministerium für Gesundheit（BMG）, Pflegeversicherung, Leistungsempfänger der sozialen Pflegeversicherung am Jahresende nach Pflegestufen, 2013.（https://www.bundesgesundheitsministerium.de/themen/pflege/pflegeversicherung-zahlen-und-fakten.html）

Bundesministerium für Gesundheit（BMG）, Zahlen und Fakten zur Pflegeversicherung, 2015.（https://www.bundesgesundheitsministerium.de/themen/pflege/pflegeversicherung-zahlen-und-fakten.html）

Daten des Gesundheitswesens 2017 p.114, Zahl der Gesetzlichen Krankenkassen.

Gesetzliche Krankenversicherung-Spitzenverband（GKV）. Schriftenreihe Modellprogramm zur Weiterentwicklung der Pflegeversicherung Band 10.

Berlin. 2012.

OECD Health Statistics 2013.

OECD Health Statistics 2016.

梶原直美・岡本宣雄「ドイツ・ディアコニー事業団に関する日本国内の研究について」『川崎医療福祉学会誌』Vol. 25、No. 1、2015 年、pp.1-12。

厚生労働省「平成 28 年度　介護保険事業状況報告（年報）」。（https://www.mhlw.go.jp/topics/kaigo/osirase/jigyo/16/dl/h28_gaiyou.pdf）

齋藤香里「ドイツにおける介護保障の動向」『健保連海外医療保障』No. 107、2015 年 9 月、pp.1-10。（https://www.kenporen.com/include/outline/pdf_kaigai_iryo/201509_No107.pdf）

服部真治「3.　ドイツにおける高齢者の相談体制とケアマネジメントの実際〜ヒアリング調査より〜」長寿社会開発センター　国際長寿センター『平成 29 年度　先進各国における高齢者の介護予防に資する自助又は互助も含めたサービスの仕組みに関する調査研究 報告書』2018 年 3 月、pp.115-127。

藤本健太郎「ドイツの医療保険者機能について」日本総研『JRI レビュー』Vol.4、No. 55、2018 年、pp.19-36。

松原直樹「ドイツ介護保険法の改正」桐生大学『桐生大学紀要』第 29 号、2018 年、pp.49-58。

本沢巳代子「介護保険と低所得者対策——ドイツの介護保険給付と租税給付の関係を参考として——」『会計検査研究』No. 26、2002 年 9 月、pp.91-102。

吉田恵子「3.　ドイツにおける介護相談およびケースマネジメント」長寿社会開発センター　国際長寿センター『平成 28 年度　高齢者の自立支援に向けた介護予防やリハビリテーション等についての国際比較調査研究 報告書』2017 年 3 月、pp.214-223。

吉田恵子「2.　要介護認定、ケアマネジメント関連制度と施策」長寿社会開発センター　国際長寿センター『平成 29 年度　先進各国における高齢者の介護予防に資する自助又は互助も含めたサービスの仕組みに関する調査研究 報告書』2018 年 3 月、pp.101-111。

吉田恵子「＜ドイツ報告＞ドイツ：地域包括ケア的試みと、家庭医の役割」長寿社会開発センター　国際長寿センター『平成 30 年度　多様な主体による高齢者支援のための連携実態と地域住民の参画を促すための公的支援に関する国際比較調査研究 報告書』2019 年 3 月、pp.133-147。

第4章 アルツハイマー協会リュッセルスハイム支部

（ヘッセン州・グロース＝ゲーラウ）

アルツハイマー協会リュッセルスハイム支部が入居する建物
（出所）rüsselsheim am main, *Seniorenprogramm 2017.*

1. 組織の概要

はじめに

　2017年8月29日（ドイツ訪問4日目）は、アルツハイマー協会
リュッセルスハイム支部を訪問しました（**写真4-1**）。ボランティ
ア理事のペーター・ボイメル（Peter Bojmel）さん（**写真4-2**）か
ら歓迎の挨拶がありました。アルツハイマー協会が入居する建物は
市の建物でしたので、その建物の責任者として、リュッセルスハイ
ム市からアネテ・メルケルバッハ（Anete Merkelbach）さんが挨
拶しました（**写真4-3**）。マティルデ・シュミッツ（Mathilde Sc-

写真 4-1　アルツハイマー協会リュッセル
スハイム支部の外観

写真 4-2　ボランティア理事のペーター・
ボイメルさん

写真 4-3　リュッセルスハイム市からア
ネテ・メルケルバッハさん

写真 4-4　マティルデ・シュミッツさん(左)
とクリスタ・シュナイダーさん

chmitz）さんは、アルツハイマー協会事務局長で、協会の組織と
活動について説明をしてくれました（**写真 4-4**）。その後、クリス
タ・シュナイダー（Christa Schneider）さんからは、ボランティア
活動について説明を受けました。

ボランティア理事のペーター・ボイメルさん

　ペーター・ボイメルさんは、リュッセルスハイムという都市のア
ルツハイマー協会リュッセルスハイム支部の理事です。そして、ボ
イメルさんをはじめ協会のメンバーはその多くがボランティアで活
動しています。事務局長のマティルデ・シュミッツさんは、クリス
タ・シュナイダーさんとともに、プロパーの職員です。

　ボイメルさんは、「ドイツの介護保険制度は、初めの段階では、
主に身体的な障害のみに焦点を当てていました。そういったことか
ら認知症状を持った人の家族たちはほとんど支援がありませんでし

た。ただし年を重ねるにつれて、私たちアルツハイマー協会の活動の成果もあり、だんだん支援が厚くなってきました。それをうれしく思っています」と挨拶されました。

　もちろん元気な人なら認知症になったとしても体を洗うことは可能です。ただし、どうやって洗うのかがわからないわけです。そのように、身体機能のみに注視するというのは問題でした。そういったことから、私たちは認知症とその家族の話に集中した説明を聞きました。

　リュッセルスハイム市が「高齢者のための拠点としてこの建物を使ってもいいよ」と言ってくれたこと、そしてアルツハイマー協会リュッセルスハイム支部が、市の建物に拠点を置けることはとても幸せなことでした。

「高齢」をテーマにしたさまざまな機能を持つ建物

　リュッセルスハイム市を代表して、市長が歓迎しに来るはずだったのですが、残念ながら直前に他の用事が入ってしまって、市長に代わってメルケルバッハさんから挨拶と建物の説明がありました。メルケルバッハさんはこの建物の責任者になっています。

　「高齢」ということをテーマにした機能がこの建物には詰まっていて、高齢者センターになっています。センターは高齢者の出会いの場であり、さまざまな余暇を過ごせるプログラムもありました。さまざまな相談所も用意されており、それによって高齢者と密接な連絡をとることができます。そしてネットワークを構築することによって、人々の相談によりよくのることができます。その中で中心的な役割を果たしているのが、建物内に居を構えているアルツハイマー協会になります。そして認知症センターという名称も持っています。非常に長い間、市と協会は良い協力関係を結んでいます。

　メルケルバッハさんは、市では相談所の担当をしていて、「市の相談所を訪れる人はたいていの場合、認知症の段階にあります」と述べました。そういったことから、この建物を訪れた人がアルツハイマー協会にアクセスしやすいのは非常に大きなアドバンテージになっています。

　アルツハイマー協会の人たちがいかにすばらしい活動をしている

かを耳にするし、メルケルバッハさん自身もプライベートでもアルツハイマー協会のお世話になっていると言っていました。

　開放型の高齢者の集いの場になっているのはすごくいいことだということ、そして、認知症の人が「あの人は病気だからという観点ではなくて、普通の人間として来られるのは大変良いことである」と、ペーター・ボイメル理事が補足しました。ドイツでも、開放型の集いの場と相談所が一緒にあるという場所はめったにないそうです。

ドイツ連邦アルツハイマー協会

　次に、マティルデ・シュミッツさんからアルツハイマー協会について説明を受けました。シュミッツさんは、2002 年からアルツハイマー協会リュッセルスハイム支部の事務局長をしています。

　最初はシュミッツさんともう 1 人の同僚の 2 人しかいませんでした。その 2 人以外には、電話の受け答えをするテープレコーダーしかありませんでした。アルツハイマー協会は、どんどん規模が大きくなっていきました。ドイツ連邦アルツハイマー協会がどのような組織になっているか説明を受けました。

　ドイツ連邦アルツハイマー協会は、シュミッツさんたちの上位組

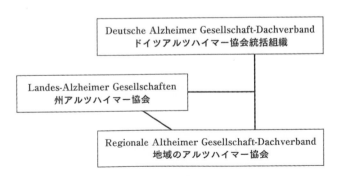

（資料）Mathilde Schmitz und Christa Schneider, *Alzheimer-und Demenzkranken Gesellschaft Rüsselsheim e. V.* 28.08.2017.より作成。

図 4-1　Aufbau der Alzheimer Gesellchaft
（アルツハイマー協会の仕組み）

表 4-1　認知症の年齢階級別構成割合
Das Risiko zu erkranken steigt mit zunehmendem Alter
（病気になるリスクは年齢とともに増加します）

年齢階級	構成割合（％）
65 〜 69 歳	1.2
70 〜 74 歳	2.5
75 〜 79 歳	6.0
80 〜 84 歳	13.3
85 〜 89 歳	23.9
90 歳以上	34.6

（出所）アルツハイマー協会リュッセルスハイム支部（2017 年
　8 月調査）提供資料より作成。

織です。ドイツには州がありますが、ほとんどの州では、政治的な
専門委員会に出席するようなアルツハイマー協会があります。シュ
ミッツさんたちはその下の地域レベルのアルツハイマー協会に位置
します（**図 4-1**）。アルツハイマー協会は地域レベルでどのように
設立されるかというと、アルツハイマーにかかっている、あるいは
認知症にかかっている家族たちが「ここで協会をつくろう」と言う
と、協会は設立できるそうです。
　ドイツにおいては視察調査（2017 年）当時 120 万人が認知症で、
その数は増え続けていました。65 〜 80％の人が在宅で、家族の世
話を受けています。高齢化はアルツハイマーの最も大きなベースに
なっています。65 歳から 69 歳の人たちの認知症の割合は低いです。
ただし、そのグループにおいても認知症者の数は増えています（**表
4-1**）。
　連邦レベル、州レベル、地域レベル、そのレベルにかかわらず、
どの協会にもボランティア理事がいます。同時にシュミッツさんた
ちのような事務局があります。ここで大切なことは、協会には、地
域、州、連邦に上下関係はないことです。要するに上位に位置して
いたとしても、支援をしてくれるという形をとっています。特に連
邦レベルの協会でいえば、たとえばパンフレットを作成する、また、
さまざまな催しを運営する、寄付を集めることをしています。それ
以外に、認知症の人たちの代弁者として、政治的に意見を政府に伝

えることもしています。同じようなことを、州レベルのアルツハイマー協会もしています。このように、地域の協会を支援してくれると同時に、認知症の人たちの意見を議会で代弁してくれています。

アルツハイマー協会リュッセルスハイム支部

　アルツハイマー協会リュッセルスハイム支部の話でいうと、理事と事務局の代表者が一緒になって運営していることが特徴です。さまざまな活動とともに、リュッセルスハイム市は、より上位に位置する郡（Kreise）に属する市（Gemeinden）ということになりますが、郡議会において認知症の人たちの意見を代弁しています。シュミッツさんたちの大きな役割は、そういった政治的な代弁者だけではなく、特に家族の人たちには相談事業が大変重要な役割を果たしています。また同時に、そういった家族の負担を軽減するために、さまざまなサービスを提供します。これは介護保険の枠内だけではなく、枠外でも行っています。

　リュッセルスハイム支部が属している郡はグロース＝ゲーラウ（Groß-Gerau）[1]で、住民数は6万6,000人です。そのうちの5,000人の人が認知症と言われています。その人たちの相談にのっていますし支援もしています。

　リュッセルスハイム支部は、最初の2人から現在はシュミッツさんも含めて6人の職員になりました。この6人が毎日9時から12時の間、相談事業を行っています。その部屋を、リュッセルスハイム市がシュミッツさんたちに提供してくれているということです。図4-2は、いろいろな色の風船を模したものです。それぞれの風船には、協会が提供しているサービスの種類が書かれています。そして、図4-3は、リュッセルスハイム支部が作成した宣伝用のポストカードです。

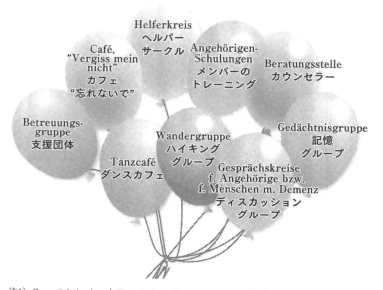

注1）Gesprächskreise（ディスカッショングループ）は、f. Angehörige bzw. f. Menschen m. Demenz（親族と認知症当事者の）ディスカッショングループのこと。
（資料）Mathilde Scchmitz und Christa Schneider, *Alzheimer-und Demenzkranken Gesellschaft Rüsselsheim e.V*. 28.08.2017.より一部改編して作成。

図4-2　協会が提供しているサービスの種類

図4-3　アルツハイマー協会リュッセルスハイム支部の宣伝用ポストカード

2.　協会の歴史と活動

協会の歴史

　協会のサービスがどのように広がっていったかを年表を示して説明します（表4-2）。

写真4-5　マティルデ・シュミッツさん
（Mathilde Schmitz：アルツハイマー協会
事務局長）

表4-2　Werdegang des Vereins（協会の歴史）

年	事項
1998	認知症者を抱えた家族の自助グループが誕生。お互いに話し合いをする場が設けられた。
2000	アルツハイマー協会になる。
2001	家族のための相談機関をつくる。
2002	リュッセルスハイム市で、認知症者を世話する家族の負担を軽減するために、認知症者の家庭に入って支援するボランティアを集めることを始める。
2003	グロース＝ゲーラウ市でも、家庭に入って支援するボランティアを集めることを始める。
2004	家族と認知症当事者が出会う機会と場の提供としてカフェをつくる。
2006	認知症ネットワークとの連携を始める。
2006	年に2講座から3講座開催の家族のための研修を始める。
2007	3つ目のお話サークルをつくる。
2013	非常に早期の段階で認知症であるという診断を受けた人を対象に、記憶のトレーニングをするグループをつくる。
2014	認知症のある人もない人も共同で行うダンスカフェを開く。
2014	早期に認知症であるという診断を受けた人たちのお話グループをつくる。
2016	世話ニーズがかなり高い人を対象にお世話サービスグループをつくる。
2016	認知症のある人もない人も一緒になってハイキングをするハイキングクラブをつくる。
2016	前頭側頭型の認知症にかかっている人たちの家族のためのお話サークルを始める。

（資料）Mathilde Scchmitz und Christa Schneider, *Alzheimer–und Demenzkranken Gesellschaft Rüsselsheim e. V.* 28.08. 2017. より作成。

最初の段階は、認知症者を抱えた家族の自助グループとして誕生しました。1998 年に、その人たちがお互いに話し合いをする場が設けられ、2000 年に協会になりました。その後 2001 年に、家族のための相談機関が設立されました。そして、そういった家族が抱える問題解決のために、経験または知識を伝えることになりました。これは非常に重要なことです。

　2002 年に、認知症者を世話する家族の負担を軽減するために、認知症者の家庭に入って支援するボランティアを集めることを始めました。初めは 8 人のボランティアしか集まりませんでしたが、現在は 45 人に増えています。認知症者を抱えた家族にとっては、この「話をする場」というのは非常に重要な場所でした。そういった場所の 1 つ目がリュッセルスハイムにできて、2003 年に 2 つ目がグロース＝ゲーラウ市にもできました[2]。

　2004 年には、家族と認知症当事者が出会う機会と場の提供としてカフェをつくりました。10 年以上前から、この認知症カフェをアルツハイマー協会リュッセルスハイム支部が運営しています。2006 年には、リュッセルスハイム市の南にある地域の認知症ネットワークとの連携を始めました。ネットワークは、認知症にかかわるあらゆる活動をしているグループのネットワークです。また同じ 2006 年に、家族のための研修を始めました。これは 1 年に 2 講座から 3 講座開催しますが、1 講座につき 8 回ほどの研修が行われます。そこで、認知症の人との付き合い方や認知症について知っておくべき知識を、家族の人たちに教えることを始めました。

　2007 年には、3 つ目のお話サークルができました。それによって世話をする家族の人たちがあまり遠くまで行くことなく、お話サークルに参加できるようになりました。

　そして 2007 年から 2013 年の間に、大きな変化がありました。それは、これまでは認知症者の家族に、アルツハイマー協会の活動の焦点がありましたが、病気にかかっている当人の方に活動の焦点を移すことでした。そういったことから 2013 年、非常に早期の段階で「認知症である」という診断を受けた人を対象に、記憶のトレーニングをするグループをつくりました。

　2014 年には、認知症のある人もない人も共同で行うダンスカフ

ェを開店しました。これも非常に大切なことです。アルツハイマー協会は、国民に認知症というタブーなテーマをオープンにするという目的を持ってカフェを開いたのです。そこが日本と少し違うところです。日本では、比較的オープンに認知症というテーマを話しますが、ドイツでは、認知症の家族がいても、家族の中だけに隠しておくという傾向があります。また同じ2014年に、そういった認知症にかかっている当人を対象として、「早期に認知症であるという診断を受けた人たちのお話グループ」をつくりました。

　そして2016年に、世話のニーズがかなり高い人を対象に「お世話サービスグループ」をつくりました。アルツハイマー協会のボランティア4人が、世話ニーズが高い8人の人たちをお世話します。月曜日の午後に、そういった人たちに協会に来てもらって、そこでお世話をします。

　同じ2016年に、「ハイキングクラブ」というものをつくりました。ここでは認知症のある人もない人も一緒になってハイキングをします。もともと地域に根差したハイキングクラブがありましたので、その人たちがハイキングのルート等を決めてくれます。

　そして2016年にもう1つ、特別な型の認知症に悩んでいる人、たとえば前頭側頭型の認知症にかかっている55歳の若い人から65歳までのグループで、現役で仕事をしているような世代の人たちの家族のためのお話サークルを始めました。この認知症者たちからは非常に特殊な症状が出てきます。そして人格が変わっていきます。そういった人との付き合い方について、お互いに話をするグループです。

資格と財源

　介護保険の財源から、世話の給付をもらうためには、協会職員は特別な資格を取得していなければいけません。マティルデ・シュミッツさんは社会教育の資格を持っています。またシュミッツさんの同僚は、高齢者セラピストという資格を持っています。またその他の人は、「介護職に対する教育者」という資格を持っています。また、介護学の専門家の人もいます。

　どのように資金調達を行っているかというと、協会という形をと

っていますので、会員から会費を徴収し、そして寄付で賄うということを行っています。一方で、介護保険の枠内で地域の行政が、たとえば郡や市町村が一定の資金を協会に助成をするのであれば、その半分を介護保険から出して支援することを決めました。そういったことからリュッセルスハイム市またはもっと大きな郡が、協会に助成してくれていることから、介護保険からもかなりの額の支援を受けています。また疾病金庫（医療保険）からもいくらかお金をもらっています。

郡がアルツハイマー協会を支援するのは珍しい

　実はペーター・ボイメルさんは、グロース＝ゲーラウ郡の職員として高齢者支援分野で仕事をしていました。そしてリュッセルスハイム市のアルツハイマー協会が助成金をもらえるように働きかけていたそうです。ボイメルさんは、私たちが訪問した2017年から年金生活になったので、ボランティアで活動しているそうです。

　ボイメルさんは、「郡がアルツハイマー協会を支援してくれていますけれども、それは非常に珍しいことです。なぜなら市町村、郡が認知症にかかわる団体を支援することは法律では定めていないからです。認知症の支援というのも青少年の支援と同じように重要な支援の1つだと思うのですが、まだ政治的にそれを説得することは成功していませんので、資金繰りには非常に苦労しながら奮闘しています。現在もお金が足りない状況ですので、より多くのお金がもらえるように疾病金庫、また介護金庫に私たちは働きかけているところです」と述べました。

　そして「職員数が少ないということを皆さんはわかってくださると思いますが、一方で私たちがやっている活動内容はどんどん広がっているのです。でも資金繰りに成功するかはわからない状態です」とボイメルさんは補足しました。

470人の会員と13の法人会員、そして40のプロジェクト

　主な資金調達源は、やはりメンバーからの会費になります。全部で470人の個人会員がいて、個人会員以外にも13の法人会員がいます。法人は介護事業者や介護施設です。さらに寄付というのも重

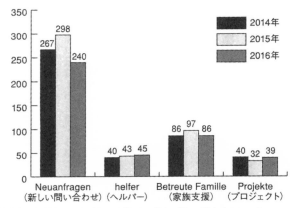

図 4-4　協会が提供しているサービスの数（2014 ～ 2016 年）

要な役割を果たしています。これは個人がしてくれることもありますし、何かしらの催しものがあると、企業がスポンサーとなってくれたりします。それ以外に、事業者や団体からアルツハイマー協会が講演を頼まれたりしたときに、講演料という形で謝礼をもらうことがあります。

　グロース＝ゲーラウ郡には約 5,000 人の認知症者がいます。認知症にかかっている期間は 9 年から 12 年くらいが平均です。そして 1 年間に 250 人から 300 人の新しい人たちが相談に訪れます。45 人のボランティアが、そういった約 90 人の大変な家族の人たちを支援しています。担当者制になっていて、いつも同じ人が同じ家庭に派遣されます。またさまざまな日常的な活動の他に、1 年間にだいたい 40 くらいのプロジェクトを協会で請け負っています（図 4-4）。

「認知症との付き合い方」と「診断に関する相談」

　ここを訪れる人たちが主に知りたいことは、「認知症との付き合い方」です。また「認知症という診断に関する相談」というものもあります。たとえば、「そういった診断をしてもらうにはどこに行けばいいんだろう」ということです。多くの人は「認知症というの

はあらゆる病気の上位の概念である」ことを知りません。また「介護保険でどのような支援の可能性があるか」を知りたい人も多いです。そして「介護に関する要介護度の鑑定に関しても知りたい」という人も多いです。そういった人たちのために、その家庭を協会のボランティアが訪問しています。多くの人たちは、家族が認知症になった場合、「その家族が全権委任の委託を受けなければいけない」ことを知りません。というのも、ドイツでは、たとえば夫婦の片方が認知症になった場合、夫か妻はパートナーからの委任を受けていなければ勝手に代表してはいけないのです。多くの人はそのようなことは必要ないと思っています。ところが病状が重くなってからでは、この全権委任ができなくなってしまいます。そういう段階になってくると、今度は裁判所の介入が必要になってきます。そうなると、全権委任がとても難しくなります。

リビングウイルの相談

また最近広がってきているリビングウイルというのも、相談の1つの内容になります。要するに、その人が自分の意識がなくなったとき、最期にはどのように扱ってほしいか。たとえば「人工的な栄養摂取はしてほしくない」といったことを指示するということです。そういった相談にのっています。また、グロース＝ゲーラウ郡において、「家族の負担を軽減するためにどのようなサービスがあるか」という相談にのります。アルツハイマー協会以外に、どのような団体があって、どのようなサービスを提供しているかを教えます。というのも、多くの家族は自分の力を過信していますが、長い間の介護に耐えるためには、支援の力が必要になるからです。ということで、ケアマネジメントも行っています。

最初の段階で相談に来られた方たちの中には、10年、12年、15年という長い年月付き合って、どのように対応していくべきかを協会が管理することも、希望に応じて行っています。もちろん全部を職員が1人ですることはできません。他の組織との連携が必要になります。最も重要な役割を果たしているのが開業医の脳神経科医になります。特に診断の段階で重要な役割を果たします。

メモリークリニック

　また昔はなかったのですが、最近できて広まっているものとしてメモリークリニックがあります。これはだいたい大学病院が開いているもので、特に診断の段階で重要な役割を果たします。診断を受けるために、3日間の長い時間をかけて、その人の状態を識別することを行っています。要するに認知症ということで一括りに扱わないで、何が原因で認知症になったのかということまで識別するという判断の仕方をします。アルツハイマー型であるとわかった場合は、投薬することによって病状の進行を遅くすることができます。他の病状の場合は、他の対応をしなければいけません。また特に重要なのは、若年の認知症の人たちに対して、非常に細かい診断を行うことです。たとえばうつではなくて認知症である場合、それによってそれなりの対応をすることが可能となります。

　メモリークリニックができたおかげで家族、特に当事者は非常に早期の段階で何が本当の原因なのかを知ることができるようになりました。この地域では5〜6年前から介護支援センターというものがあり、その支援センターができたおかげで、そこに行けば病気になった場合にどのような支援が受けられるかがすぐにわかるようになりました。そしてそれぞれの地区の市町村と協力しながら、各地域に1つは相談所をつくるようになっています。

重要な役割を果たす介護事業者

　特に、協会にとって重要な役割を果たしているのは介護事業者になります。その中でも在宅においてお世話する介護事業者は非常に重要な役割を果たしています。なぜかというと、特にグロース゠ゲーラウ郡においては、介護施設が満杯状態だからです。ウエイティングリストで入所するまで待たなければならない。そういったことから在宅の事業者が重要になります。特に人格が変わってしまう病状を持っている人たちと、入所施設無しで付き合うことは非常に難しくなってきています。

　ただドイツの介護施設の特徴は、わりとオープン型のものが多いことです。ただし人格が変わってしまうような認知症の人たちが、入所施設に入るのは難しいという問題もあります。というのも、他

の人たちに危害を加えかねないからです。

　6年前までは、そういったタイプの認知症の人たちは、ドアが閉められた非開放型のエリアを設けて保護するという施設で対処していましたが、グロース＝ゲーラウ郡には1つしかありませんでした。でも現在は、5つまで増えましたから、協会は各施設に対して、そういった危害を加えかねない認知症の人たちのことを理解してくれるように、保護するエリアを設けるように、現在説得活動を行っています。

　また、そういった施設に入る前にはデイケアを利用するように勧めています。1週間に1日から3日をその場所で過ごせるような通所型の介護を勧めています。しかし、残念ながら送り迎えもしてくれるようなデイケアを利用できる施設はグロース＝ゲーラウ郡にはありません。また病気になった人と家族が向き合うことが非常に難しい場合は、精神病院を利用することを勧めていますし、協会も精神病院と提携関係があります。また郡の行政機関とも協会は非常に密接な関係を持っています。さまざまな申請書等を郡の方に提出しなければいけませんので、それぞれの関連の部署と密接な連携をとっています。

3.　ボランティア活動

写真 4-6　説明するクリスタ・シュナイダーさん

　アルツハイマー協会リュッセルスハイム支部のボランティア活動について、クリスタ・シュナイダーさん（**写真 4-6**）から説明がありました。シュナイダーさんは「これから家族の方たちの負担軽減のためのヘルパーさんたちの仕組みについてお話ししたいと思います」と述べました。

ボランティアの募集と研修

　まずボランティアの募集です。グロース＝ゲーラウ郡に住んでいる人を対象に「ボランティアをしませんか」と訴えかける大きなポスターを張り出します。新聞や地域の人たちが読むメディアでの宣伝も行います。募集はある期間に集中して行います。そうすると、多くの人たちが応募してきます。まず、「情報提供の夕べ」というイベントを持ち、その人たちに参加してもらいます。そこで、協会は何をしていて、ボランティアはどのような活動をしているのか、ボランティアとして教育を受けることと、何が期待されているのかを説明します。

　だいたい15人くらいの人が来ますので、その人たちにはシュナイダーさんとシュミッツさんで対応します。話をする中で、2人は「誰がボランティアに適しているか」の目星を付けます。その後にもう一度グループで話をした後に、今度はその目星を付けた人たちを招待します。そして個々に面接のようなことを行います。さらに、協会としてもこの人に手伝ってほしいし本人にもやる気があるとわかってお互いに合意に至ったら、今度はその人のために26時間の基礎的な研修を行います。協会では、ボランティアをヘルパーと呼んでいて、この研修はヘルパーのみの研修です。他に家族のための研修もあるのですが、もっと内容が濃いものになるので、ヘルパー研修とは別に行うことになっています。

　ヘルパー研修の際にとても大切なことは、アルツハイマー協会の価値観を伝えることです。そこでもっとも大切なのは、認知症を抱えた人たちに対して、「その人の価値を認める、その人の人格を認める、アクセプトする」ことだとシュナイダーさんたちは教えていきます。

ヘルパーの活動

　ヘルパーが1カ月に1回、集う場所を設け、その機会はお互いに情報交換すると同時にスーパービジョンの性格も兼ね備えています。3つのグループがあり、それぞれのグループごとに集いがあります。そして基礎的な研修が終わった後、ヘルパーは初めてボランティアの活動に投入されます。その投入をする前に大切なことは、シュミ

ッツさんたちのような職員が事前にヘルパーが活動する自宅を訪ねることです。そしてどのようなシチュエーションにあるのかを確認します。その家庭がどういう状況にあるかわかるので、どのヘルパーがその家庭にマッチしているかを考えて選び出し、その人にお願いします。

ヘルパーを決めた後の1回目の訪問は、職員もついて行ってヘルパーを家族に紹介します。ヘルパーは、1カ月に1回集いがありますが、それ以外にもヘルパーが何か質問があったり困ったことがあったりすると、いつでもシュナイダーさんたちと会って助言をもらっています。

そして、それぞれの家庭をヘルパーが訪問するのはだいたい1週間に1回〜2回、1日につき2時間〜3時間が多いです。ただしヘルパーは介護はしません。お世話のみです。たとえばお散歩したり一緒に料理したりケーキを焼いたり、時にはお互い隣同士に座って手を握って窓の外を見るだけというようなこともあります。大切なのは、「その段階の認知症の人が何を求めているか」ということで、それは「介護」とは違うということです。ヘルパーは介護の分野に入ることが許されていません。また基礎介護、身体介護に対する訓練も受けていないので、そういったことは別になります。

利用者家族に1時間10ユーロを請求

ヘルパーたちは家族を訪ねた際に、「何月何日、どこのお宅で何時間ボランティア活動をした」ということを記入する用紙があります。これは一種の請求書で、ヘルパーは1カ月に1回協会に提出します。協会でも記入すべきことがあるので記入し、その後に介護金庫に用紙を請求書として届けます。

介護保険には125ユーロの軽減負担追加金がありますので、それを使って利用者はヘルパーボランティアに支払うことになります。実際にヘルパーにお金を払うわけではなく、その請求権がある利用者の場合は、介護金庫レベルで「いくら使えるよ」ということも記録されているので、ツケのような形でその部分から引くという形をとって、現金のやり取りはありません。

ヘルパーは無償なのかと疑問に思いますが、そうではなく協会が

利用者の家族に1時間10ユーロのお金を請求します。そしてヘルパーにはそのうちの6ユーロを渡します。

　ヘルパーと家族の関係というのは、非常に長い間続くこともあり、そうなると非常に密な関係が出来上がります。場合によっては本人が死ぬまで付き合うということもあります。

診断はどのように行われるか

　図4-5は、診断がどのように行われるか、その流れを示したものです。最初の段階で、本人または家族が自分（家族）は認知症ではないかを疑います。だいたいの場合、開業医のところ、特に脳神経科のところに行って、診断を受けます。もしくはメモリークリニックに行くケースもあります。そこで実際認知症なのかそれとも別

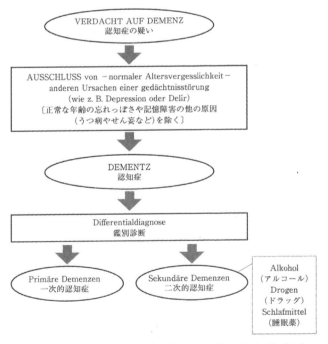

（資料）Mathilde Schmitz und Christa Schneider. *Alzheimer-und Demenzkranken Gesellschaft Rüsselsheim e.V.* 28.08.2017.より作成。

図4-5　Wie wird die Diagnose gestellt?（診断はどのように行われるか）

表 4-3　Primäre Demenzen（原発性認知症）

Demenzursache（認知症の原因）	Anteil an der Gesamtzahl Der Demenzerkrankungen（認知症の合計の割合）
Alzheimer‐Krankheit（AD） （アルツハイマー病（AD））	ca. 60%
Vaskuläre Demenz（VD） （脳血管性認知症（VD）） Mischformen AD/VD （混合型 AD/VD）	ca. 30%
Sonstige Demenzen （その他の認知症） （z. B. Lewy-Körper-Demenz, Frontotemporale Demenz, Semantische Demenz） （例：レビー小体型認知症、前頭側頭型認知症、意味認知症）	ca. 10%

（出所）Mathilde Scchmitz und Christa Schneider, *Alzheimer-und Demenzkranken Gesellschaft Rüsselsheim e.V.* 28.08.2017. より作成。

に原因があるのか、たとえばうつ病であるとか麻薬を使っているかなどを診断します。

　そこで認知症であることが確認されたとします。その認知症は、どの種類の認知症かを識別する必要があります。これは医師によって行われます。その段階で、一次的な認知症なのか二次的な認知症なのかを識別します。この二次的な認知症というのは、アルコールやドラッグ、そして睡眠薬のために記憶力が失われることを指しています。

　表 4-3 をみるとわかるように、一次的な認知症の場合、約 60％はアルツハイマー病です。30％は脳血管性の認知症となります。ただ多くの場合はアルツハイマーと脳血管の両方というミックス型です。目安として 10％くらいはよくわかっていない「その他の認知症」です。たとえば、レビー小体型認知症、前頭側頭型認知症、意味認知症であったりします。

認知症の種類によって付き合い方が変わる

　前頭側頭型の認知症は、過去 5 年から 8 年くらいの間に非常に増

えています。これはなぜかというと、診断法が発達してきているからです。若く、働き盛りの人がなりがちで、職場において異常行動などが目立ったりしているケースが多いです。とても異常な行動が目立ちます。たとえば、攻撃的な行動がみられると、特に家族の人たちは本人と付き合うのが難しくなってしまいます。そうなってくると、他の認知症の人との付き合い方とは変わってきますので、どのタイプの認知症かを知ることが重要となります。

　そして2つ目のタイプは、レビー小体型の認知症です。こういった人たちは自分の持っている能力を出す力に非常にぶれがあります。要するに、すごく疲れてしまうことが多くなります。そして人から注目されるようなことを求めることも非常に増えます。他の認知症と違うところとしては、認識上の障害があまりみられないことですが、妄想をいだくことが頻繁にあります。それもかなり画像的に明確な妄想を頭に描くことが多く幻覚となります。それからパーキンソン病ではないにもかかわらず、パーキンソン病のような症状を持つことが多いのです。そしてコルサコフ症候群、これは長い間多くのアルコールを飲んでいる人たちに起こりがちで、記憶力に問題が生じます。こういった人たちは人との距離を持たないで、非常に近づいてきます。かつ何の理由もなく非常に愉快な感じになります。

ニーズが高まればサービスも変化する

　アルツハイマー協会は、新しいことをどんどん始めています。世の中に新しいニーズがあるとシュナイダーさんたちが認めて、それに対して活動のアイデアを得る形でいろいろなことを発展させています。たとえば近所で、情報交換をしたりおしゃべりをしたりしたいというニーズを認めて、お話サークルを街の中につくりました。

　また家庭内における家族の負担軽減を求めるニーズがどんどん高まっています。そういったことからヘルパーの数をどんどん増やしていき、現在45人になりました。それから月曜日の午後に、デイケアのようなお世話をすることを通所でしています。実はデイケアを提供している施設はありますが、そのようなところに頼むと1日ということになってしまいます。そうではなく数時間というニーズもあったので、シュナイダーさんたちは独自に数時間のサービスを

提供することに決めました。そうして早期に認知症の診断を受けた人たちに対しての相談事業も盛んに行うようになりました。その結果、早期に認知症の診断を受けた人たちのお話サークルができました。ただ早期といっても、彼らだけに任せておくとうまくいきませんので、職員２人がいつも付き添うようにしています。

　さらにある程度早期に認知症ということがわかった人の場合は、適切な向き合い方、付き合い方をして、刺激を与えて適切なお世話をすると、本人の能力が長い間維持されることがわかっています。そこで、メモリートレーニングのようなことをするグループを協会がつくりました。

　そして特に珍しい型の認知症の人たちというのは、シュナイダーさんたちにとって新しい課題を与えました。それはシュナイダーさんたちだけではなく、家族、そして介護にかかわっている職員たちも同様です。特に若い人は、特別な型の認知症になってきているわけですが、その人たちに別途新しいサービスを提供するために今準備を行っているところです。そのため、ヘルパーにはそれに向けてまた研修し直すことも行いました。またデイケアとか入所サービスを提供しているような施設に対しては、ある程度同じような年齢の人を集めてお世話するように、協会の方で声をかけるということを行っています。

異常行動の人たちともオープンに付き合っていくことが大切

　その特別な型の認知症の人たちというのはグループで扱うのに向いていない人たちです。たとえば自宅においても施設においてもそうなので、１対１のお世話をするようにと呼び掛けています。この分野に関しては、シュナイダーさんたち自身で新しいタイプのケアの構造を考えていかなければならないという課題になっています。今までシュナイダーさんたちが行ってきた行動様式よりももっと広く外に広げた形で、今後行動していかなければいけないと考えています。これは、特に入所型の施設にとっては大きな課題になってくるでしょう。

　シュナイダーさんとシュミッツさんは、以前ミュンヘンのある介護施設で働いていたそうです。そこはグループホームと介護サービ

スを提供している会社だったのですが、オープン型の施設だったので、異常行動の人たちが入ってきたりしました。そこで働いていたチームの人たち、職員の人たち、ボランティアの人たちは非常にするどい感覚を持った人たちだったそうです。なので、どのように対応したらよいかを感覚的に理解できるような人たちでした。そこで良い例を見ていた経験から、異常行動の人たちともオープンに付き合っていくことが大切ではないかということを、シュナイダーさんたちは考えさせられたそうです。

4.　補足と日本への示唆

精神病床へ入院する条件

　認知症の施設ケアに関して、精神病院への入院もありうるということでしたが、制限があるのでしょうか。日本では精神病院に入院する人が増えており、それをどう抑制するか問題になってきています。ドイツでも精神病床への入院条件はあります。その条件は、滞在期間が6週間と限られていることです。その後に家に戻れるかもしくは一般の老人ホーム、介護ホームの方に移れないかを検討します。またそういったところに入居する条件としては、病院の医師の指示が特に必要になります。精神病院に入院することによって、特別な異常行動を少し抑えることができます。それが目的です。

　「ドイツには認知症のグループホームはありますか」と質問しました。答えは民間の業者のホームがあるが宿泊はしないというもので、通所型のグループホームが1つあるのと、一般の入所施設をグループホーム風にオーガナイズしているところが1つあるということでした。

　ドイツではグループホームが非常に普及している地域と、していない地域との差が大きいそうです。たとえばベルリンやハンブルクなど北の方の州やフライブルクなどでは多いのですが、そうではないところもあります。最近の介護改革においてはグループホームを推進するためにより多くの補助を与え始めました。

他人が本人の意思についての決断を下すことはできない

　リーガル（法的）な問題でいうと、ドイツでは「自分がしたいことは自分で決める」という原則になっていて、他の人が本人の意思についての決断を下すことはできません。たとえば結婚していても、夫が妻のことについて決断することは許されていません。特に妻が意識を失ったり、また病気になったりしたときに重要になってきます。ただ一般の市民たちはそのことをよく知りません。お互いにお互いのことを決められると信じていることが多いので、さまざまな情報提供の場やレクチャーなどが必要になっています。そこで全権委任、要するに自分自身が決断できなくなったときに、「誰に私の意思を委託したいか」ということを決める権利があります。

　さまざまな分野に関して、権利を委譲や委任することになります。代表的なことは医療に関する決断です。たとえば、「私が病院に入院した際に、ある一定の種類の手術を行いたいか、行いたくないかという意思、それから金銭関係について」などです。またドイツは、郵便物に対して個人の権利がありますので、自分に宛てられた郵便物を「誰が開けていいのか」の決断もかかわってきますし、また「家をどうするか、不動産の扱いをどうするか」という決断ともかかわってきます。

簡易裁判所が「誰に権利を委任するか」を決断する

　このような「自分の決断の希望」というものを記入しておくための用紙を、連邦政府または関連の各団体が提案という形で市民たちに提供しています。そういった記入用紙のひな型があります。たとえば自分が病院に急遽入院することになったとします。その段階で、前述の全権委任に関する記入が終わっていればいいのですが、終わっていない場合、またはまったくやっていなかった場合には、簡易裁判所が本人の代わりに、「誰に権利を委任するか」ということを決定することになります。そうなると、かなり時間がかかってしまいます。

　認知症の人の家族はかなり長い期間においてさまざまな決断を認知症の本人に代わって行う必要がありますので、この全権委任が重要な意味を持ってきます。では、誰が最終的に委任を受ける立場な

のでしょうか。だいたいの場合は、夫婦の間でお互いにという形になりますし、子の場合もあります。お友達同士ということもあります。要するに自分が決断するわけです。その決断は、本来、成人になった18歳でするべきです。先々何が起こるかわからないからです。ただ多くの人は、歳を取ってからこの決断をします。というのは「ああ、重要なんだな」ということがわかってくるからです。

簡易裁判所が後見人を指定する

　実際、クリスタ・シュナイダーさんの娘がベトナムに行ったときに、「あなたに何か起こった場合に誰が決断するか、書いてちょうだいね」と娘にお願いをしました。「家族がいるから」というのは理由になりません。家族が決断するのが日本ですが、ドイツは違います。家族が決断することは当然のことではないのです。ドイツでよくあるのが「別居しているけれども、法律上はまだ婚姻している」というケースです。そうしたときに、そんな相手に決断を任せられないわけです。

　日本人も一人暮らしが多いです。ドイツで一人暮らしで認知症になったらどうするでしょうか。そうなった場合、家族がいないとしたら、役所が簡易裁判所に頼んで後見人を指定することになります。後見人とは誰のことかというと、職業としてやっている人とボランティアでやっている人がたくさんいます。ボランティアでやっている人たちは、社会福祉の法律についてよく知っている人たちです。そういった人たちはボランティアをよくしています。ボランティアとしての後見人です。ボランティアをしますと、ボランティアの団体の中でさらに社会福祉の法律に関する教育が受けられることになります。それとは別に弁護士が行うケースもあります。

行政と介護保険とアルツハイマー協会の関係

　認知症に関して、郡（行政）と介護保険の関係、そしてアルツハイマー協会の関係はどのようになっているのでしょうか。すでに述べた通り、アルツハイマー協会があるのかないのかというのは偶然です。要するに、その街においてアルツハイマー協会をつくりたいかどうかというのは当人たちの意思によるものです。「法律でその

街にアルツハイマー協会がなければいけない」とは決められていません。とはいいつつも、介護保険ができて以来、アルツハイマー協会はかなり増え、現在は全国に135協会ほどあります。また同時に、介護保険制度自体も、アルツハイマー協会があると「家族の負担軽減にとても役立つ」ことを認識しましたので、介護保険制度でも支援を行うということです。

　郡の5,000人の認知症の人のおよそ1割が会員になっています。組織として政策にかなり関与することはあるのでしょうか。郡レベルには高齢者支援部があります。そして高齢者支援協議会というものもあります。これは行政における委員会の1つです。そこに、アルツハイマー協会は席を持っていて、認知症の人と認知症の家族の人が定期的に提案という形で、発言することができるという立場にあります。

協会はどのような助言をしているのか

　日本では夕方に認知症の症状が出ることが多く、「夕暮れ症候群」と言われていますが、ドイツでも同じように呼んでいるそうです。攻撃的になる人に多い身体不調型は、脱水だったり便秘だったりします。そのような時に、粗暴な行動や暴力的になることがよく見られます。そういう時は、どのように指導しているのでしょうか。協会では多くの人たちには、「攻撃性（攻撃的であるという行動）は認知症の症状ではない」と説明しています。攻撃的になるのは、「ある状況が起きて、その当人がその状況を理解できないことが原因である」と説明しています。たとえば言語に障害が起きたことによって、思っていることを言葉にできないといった場合です。どのように助言するかというと、「もし便秘が原因だとしたら、全体をみないと何とも言えませんが、別の食事、要するに便秘が起きないような食事に変えたらどうですか」と周りの人に助言するでしょう。あとは「もう少し水分を補給するように」とアドバイスするでしょう。「乾杯の歌」というのがありますので、それを歌うといいです。有名な歌で、自分で自動的に飲むようになります。「何々しなさい」と言うのはうまくいかないので、そうします。協会では家族のために研修を行いますが、そういったときに何をすればいいかがわかる

ように説明します。

徘徊にどう対応しているか

　日本では徘徊が頻繁に発生します。そういう時のために、日本では認知症の家族の会の人たちが、徘徊者の捜索訓練というものを地域で受けています。一次的には警察に捜索願いを出して、その後、市の介護福祉担当に連絡がいって、市のデータ通信で市民のモバイル端末に情報が入ります。「ドイツではどうするか」聞いてみました。

　ドイツでは、市民が一緒に探すことまではせず、警察が探すところで終わるそうです。また、チップが付いた腕輪を着けて出かけさせたりしていますが、それは家族がプライベートで行うことで、市町村のレベルが行うことではありません。たとえば自分の夫にチップ付きの腕輪を着けることはあります。それから日本で市民が一緒に探すことと近いものは、地域のラジオ局が「捜索してください」と放送することです。リュッセルスハイム市ではまず警察が探しますが、実際に探してみて見つからない場合は、最終手段としてヘリコプターを飛ばします。これは飛行場が近いからです。問題は、飛行場の離発着数が多いので、そこを調整することです。

認知症の人だけではない、いろいろな人たちの集いの場

　午後に集まると言っていましたが、この施設はその他には何に使われているのでしょうか。**写真 4-7** は、建物内の集いの場です。この空間はアルツハイマー協会だけのものではありません。他のグループと順番に使っています。だから「他のグループも使っている」ことになります。クラフトクラブが使ったり、高齢者の人たちが集まってトランプするのに使ったりします。一緒に絵を描くクラスが開かれたりもします。そういったことからいろいろな高齢者が集まります。「認知症の人だけで

写真 4-7　建物内の集いの場

はなく、いろいろな人たちが来る集いの場である」というのが、協会ではすごくいいことだと思っています。

残存能力を引きだすことは喜びをもらうこと

　それで、集まって「どんなことをしているのか」について、担当のカリン・クリン（Karin Kling）理事が説明しました（**写真 4-8**）。

　2時半にここに集まり、輪になって座ります。まず歓迎の歌を一緒に歌います。それを歌うことで「自分が歓迎されている」ことをわかってもらうためにです。それからボール遊びでは、みんなが名札を付けて、その名前の人にボールを渡すということをします。歩行補助具を使ってここに来るような人たち、車いすの人たちも手を使ったり足を使ったりします。たとえば、さいころ型の箱を振ります。そこにはアルファベットが書かれていて、「そのアルファベットで始まる動物の名前を言ってみましょう」と渡します。ただし、学習という形をとります。それは訓練という形をとってはいけない、遊びでなくてはいけないということです。

　たとえば夏休みが終わろうとしている時期は、それに合わせてドイツは秋から学校が始まります。「入学の時はどういう儀式がありましたか、あなたの子どもの頃は」という話をしてみたりします。そのあとでコーヒーまたは紅茶を飲みながら甘いものやケーキを食べるという時間があります。そしてその際に、一緒に歌を歌ったり、本を読んだりします。それからボウリングもしたりします。ボウリ

写真 4-8　説明する理事のカリン・クリンさん

写真 4-9　年間スケジュール

ングといっても立ってできる人は立って、座ってしかできない人は座ってできるというボウリングです。体があまり動かない人も音楽を流すと結構動き出したりします。

　写真4-9は、1年間のスケジュール表で、壁に掲示されていたものです。クリスタ・シュナイダーさんは、「非常に重要なことは、その3時間の中で、各自が自分のまだ残っている能力を、引き出すようにしているということです」と述べました。

カリン・クリンさんが続けて言います。「それからもう1つ、私から大切なことというのは、治療を施す側、セラピーをする側ということだけではなく、お世話をさせていただけるというスタンスです。お世話をすることによって、私たちももらうものがある、それは喜びだと考えています」と述べました。

認知症国家戦略で変わった連邦政府の認識

　1998年に創立され20年活動して、努力が実って介護保険も認知症の給付が拡大したり、政策にもいろいろアクションを起こしてきたりしていますが、認知症国家戦略の評価について質問しました。実は協会は2年前に、国家戦略の枠内での認知症のアライアンスにさまざまなプロジェクトを提案してきました。それに対しての支援を受けることもできています。リュッセルスハイム支部が提案したプロジェクトは、市町村の役所のレセプション（受付）に座っている人たちの研修でした。認知症の人たちが役所を訪れた時に、認知症の人を識別できるようにという研修を提供するという提案でした。

　全国では500のプロジェクトが国家戦略の枠内で助成されたり支援されたりしていますが、プロジェクトを行う団体やグループ同士の間で情報交換が盛んに行われるようになったそうです。そういった動きを顧みて、連邦政府も認知症の人たちというのは非常に多いのだということ、大きな社会問題だということ、そして家族の人たちにとっても大きな問題だということを認識するようになったということでした。

日本への示唆

　第一に、「日本の認知症と家族の会は、これほどの活動をしてい

るだろうか」という感想を私は持ちました。イギリスには、認知症の介護者を支援するケアラーズセンターがあって、アルツハイマー協会で行っていたような動きをする拠点があったことを思い出しました（小磯 2017）。アルツハイマー協会が運営していますが、ケアラーの支援と早期診断とその後の介入です。基本的には介護保険サービスでヘルパーが行ったりするわけで、その人たちが身体介護や身辺の世話をします。

　協会はあくまでもボランタリーなケアラーズセンターなので介護はしません。ただ寄り添ってお話をしたり、良い時間を過ごしたり、散歩に一緒に行ったり、横に並んでぼーっとするのに付き合ったり、そういうことをします。そのような意味で「介護はしません」ということです。それは介護保険サービス外の活動です。ですので、1時間当たり家族から 10 ユーロいただき、そのうちの 6 ユーロをボランティアのヘルパーに渡すという仕組みになっています。10ユーロは介護保険制度の現金給付の一部から出しているという理解です。125 ユーロの負担軽減経過費の中から 1 時間当たり 10 ユーロが出ています。だからこれも、介護保険とリンクしている有償ボランティアということです。

　第二に、市の行政とアルツハイマー協会と介護保険の事業者がエリアの中で連携している感じがしました。「このような仕組みは日本でも必要なのではないか」と思います。日本は介護保険サービスだけという感じで、横ぐしを刺すボランティアがまだまだ成熟していないかなと感じます。事務局長はじめスタッフの皆さんは、やはり介護施設で働いた経験のある人たちなので、そう考えると日本でもリタイヤした看護師や介護福祉士、かつて介護分野で働いた人たちが、こういったボランタリーな活動に協力するという事例も、今後は出てくるのではないでしょうか。団塊の世代は「黙っていられない世代」なので。そのような感じもして、とても良いと思いました。

　第三に、現地での示唆から述べると、お世話のボランティア＝有償ボランティアの人たちがお世話をしている 125 ユーロの負担軽減経過費の中からで、どんな介護度の人でももらえるお金の中から出しているということになりますので、そのような有償ボランティア

をしているのは、特にアルツハイマー協会だけではないということです。アルツハイマー協会が提供しているサービスは、特に認知症に特化したサービス提供という特徴がありますが、一般のその他の事業者、たとえばゾチアルスタチオンでも最近はそういったサービスを、介護保険からの本格的な在宅事業サービス提供の傍らで提供し始めています。ですから、アルツハイマー協会でも提供していますし、普通の在宅サービス事業者も提供していますし、もしくは自発的な自助グループがサービスを提供しているケースもあります。また、介護保険から有償ボランティアという形をとらないで、純粋なボランティアで同じようなサービスを提供しているケースもあるという情報も聞きました。

　州によっていろいろ状況が違うようですが、ありとあらゆるタイプのグループが、ボランティアもしくは有償ボランティアで世話サービスを提供しているということになります。いろいろなタイプのサービス提供がある中で、私たちが見たのはアルツハイマー協会リュッセルスハイム支部の世話サービスということになります。

　ちなみに、ドクター・アルツハイマーはフランクフルト大学の精神科の医者でした。つまり、私たちは本場を訪問したことになりました。

注
1)　グロース＝ゲーラウ（Groß-Gerau）は、ドイツ連邦共和国ヘッセン州グロース＝ゲーラウ郡の郡庁所在都市で、周辺町村の中心機能を担っています。そして、グロース＝ゲーラウが隣接する市町村は、北はナウハイム、北東はメルフェルデン＝ヴァルドルフ、東はビュッテルボルン（以上、いずれもグロース＝ゲーラウ郡）、南東はグリースハイム（ダルムシュタット＝ディーブルク郡）、南はリートシュタット、西はトレーブール（ともにグロース＝ゲーラウ郡）と境を接しています。グロース＝ゲーラウの市の構成は、ベルカハ、ドルンベルク、ドルンハイム、アウフ・エッシュ、グロース＝ゲーラウ、ヴァラーシュテッテンの市区からなっています。
2)　ドイツは 16 の州からなる連邦国家であり、州に広範な事務が配分されています。地方自治制度についても、これを定めるのは州の権限です（ドイツ基本法第 70 条）。ただし、ドイツ基本法第 28 条の規定［ラントの憲法及び市町村の自治の保障］等には従わなければなりません。各州は、自治法（Kommunalrecht）として、市町村（Gemeinde）の法的関係を規律する市

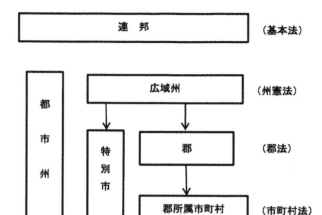

（出所）片木（2005）より筆者作成。

図 4-6 ドイツの自治制度

町村法（Gemeindeverdnung）と郡等の法的関係を規律する郡法（Land-kreisordnung）をそれぞれ定めています。ベルリン、ハンブルク、ブレーメンの都市州（Stadtstaat）を除き、各州とも、市町村連合（Gemeindever-bände）の一種である郡（Landkreis、Kreis）と基礎自治体としての市町村（Gemeinde）からなる二層制の地方自治制度を採用しています。ただし、郡から独立した特別市（Kreisfreie Stadt, 非郡所属市）は、郡の事務も遂行し、そこでは一層制の地方自治制度となっています。郡は、州の出先機関としての性格と地方自治体としての性格という面を有します。特別市と郡所属市町村（kreisangehörige Gemeinde）は、住民に最も身近な、ドイツの基礎的地方自治体です。都市州では、州が市町村の機能も果たしています。たとえば、ブレーメン市は、ブレーメン市とブレーマーハーフェン市の 2 市からなります。ちなみに、ドイツの自治制度は、図 4-6 の通りです（以上、片木（2005）を参照）。

文献

Mathilde Scchmitz und Christa Schneider, *Alzheimer-und Demenzkranken Ge-sellschaft Rüsselsheim e. V.* 28.08.2017.
片木淳「ドイツの地方議会と直接民主制」自治体国際化協会『欧米における地方議会の制度と運用』2005 年 4 月、pp.43-65。
小磯明『イギリスの認知症国家戦略』同時代社、2017 年（第 7 章・第 8 章、pp.209-263）。

第5章 ディアコニースタチオン・フランクフルト・アム・マイン
（ヘッセン州・フランクフルト）

ディアコニースタチオン・フランクフルト・アム・マインの入り口

1. 教会の歴史と在宅介護

Evangelisches Pflegezentrum

　2017年8月27日の午後に、ディアコニースタチオン・フランクフルト・アム・マイン（Diakoniestation Frankfurt am Main）を訪問しました。建物には Evangelisches Pflegezentrum という名前を付けています。エバンゲリシュ（Evangelisches）は新教[1]という意味で、その介護看護センター（Pflegezentrum：ケアセンター）という意味です。つまり、キリスト教の新教徒のケアセンターということになります。ちなみにスタチオン（station）は、英語のス

写真 5-1　ディアコニー・フランクフルト
社長のヘルムート・ウルリッヒ氏

写真 5-2　ディアコニーの建物

写真 5-3　ディアコニーの事務所

テーションのことです。私たちに説明してくれたのは、ディアコ
ニースタチオン・フランクフルトのヘルムート・ウルリッヒ
（Helmut Ulrich）社長でした（**写真 5-1**）。

　建物は 2 つの会社の本拠地になっています（**写真 5-2**）。1 つは、
ディアコニースタチオン・フランクフルトの在宅介護と訪問介護看
護を担当しています（**写真 5-3**）。もう 1 つは、エバンゲリシュ（新
教）の住居である「高齢者、介護者のためのホーム」の拠点で、そ
の名の通りの活動をしています。

　ディアコニースタチオン・フランクフルトは、フランクフルトに
おけるエバンゲリシュという新教徒の福祉団体の子会社になります。

　ディアコニーのステーションの仕事で最も重点を置いているのが、
在宅における介護看護です。ステーションの重点としては傷の手当
てを行っています。そして家事に関する仕事があります。また、認
知症、高齢者に特有の精神的な病気のためのお世話やその家族のた
めの相談事業もあります。もう 1 つ重点を置いている仕事に、寂し

いお年寄りの相談事業とお世話があります。さらにもう1つは介護の委譲という仕事もしています。

ドイツ新教徒教会の組織構造

　ドイツ新教徒教会は、ドイツ全体が16の州に分かれているように、20に分かれています。フランクフルトはヘッセン州[2]とナッサウ地域[3]の新教徒の教会が司る地域です。このように全国レベルがあり、その次に州にあたる区分けがあり、そして地域ごとの区分けがあります。それがライン＝マイン地方[4]ということになります。その下位がフランクフルトになります。フランクフルトには57の教会の地区があります。1つの地区には2つの役割があり、1つは宗教的な側面で、たとえばミサを行うなどの宗教的な活動です。もう1つは社会福祉的な分野で、それを管理するのがディアコニーということになります。その活動のための建物の管理など2つの側面に分かれます。

　世俗的な仕事が、新教徒における地域連合会、地域教会、連合会という名前があり、ステーションはその一部ということになります。ディアコニーという名前が付いていますが、これは何を意味しているかというと、キリスト教の新約聖書において、隣人愛ということが非常に重要な特徴になっています。そしてその中でディアコニーとは、「隣人における奉仕」という意味があります[5]。そういったことから、それを意味する在宅介護というのは、キリスト教における社会福祉活動の最も主要な中核的な役割と言えます。昔は、この仕事を主に修道女たちが行っていました。

教会の歴史

　19世紀前半から20世紀に至るまで、修道女が看護を行っていました。その後、医学的な処置も修道女たちによって行われるようになりました。もちろん当時の修道女たちは教育を受けていましたし、わりと自由な活動をしていました。何をするか何をしないかは、本人の意思に任されていました。

　1970年代、80年代になると、医療的な意味合いが強くなってきて、修道女たちは国による強い規制を受けるようになりました。そ

ういったことから、自由意思に基づいて奉仕活動をする形ではなく、ステーションという形で規制を受けながらも、介護看護などの企業活動を行うようになっていきました。そのために、今まであった10の協会区を集約して、ステーションをつくるようになりました。しかし、以前は介護看護をボランティアで行っていたので、それに対するお金は請求していませんでした。

　そして1995年に、ドイツでは介護保険が導入されました。それにより、かなり環境が変わってしまいました。行ったことをすべて記録する必要が生じましたし、請求書をやり取りするためにシステムを導入する必要性も出てきましたので、今までのように不透明な形ではなく、透明性を高めた形で関与していく必要性が出てきました。こうして、今まで教会でやっていたことを有限会社という形態をとって行うようになりました。

　今までは介護看護を無料で提供してきたわけですが、それを会社化してみて初めてわかったのは「介護や看護はなんて費用が高いのだろう」ということでした。このことからより安く提供するためにはどうしたらよいのだろうかと検討し始めました。それで今まで11あったステーションを6つに減らしました。さらに、いろいろなところに拠点として持っていた建物も、使わないことにして、すべてのことをこの場所からコーディネーションする作業を行うことにしました。そういった構造改革をすることによって、建物の管理費と事務管理費、そして人件費を節約することができました。そうしてステーションのサービスを確かなものに転換することができました。

　いろいろな構造改革の中で、飛躍的に進歩したのが、スマートフォンを使ったデータの把握です。このシステムを導入したことによって、ステーションが受けた委託内容をそれぞれの従業員のスマートフォンにデータを移送して、一挙に見ることができるようになりました。それによって、職員はわざわざステーションに戻ってくる必要がなくなり、時間を節約することができました。日本は技術的に進んでいるので、そんなことは今さら新しくもないかもしれませんが、当時、その技術を導入したのはフランクフルトの地域においては先駆的でした。

2つの請求方法

　お金を請求するときは2つの方法がありますが、それが変化しました。1つ目は、まず介護または看護にどれくらい時間が必要だったかということを金額換算し請求するという方法です。もちろん上限額はあります。2つ目は、サービスの複合体、複数のサービスをまとめて「それは全部で45分かかるから、いくら」という定額にして請求するというやり方でした。もちろん35分で終わってしまうかもしれませんが、そうしたら得をするというような制度です。

　ウルリッヒさんたちは、時間に基づいて請求した方がより公正だと思っていましたが、他の業者がサービスの複合体単位で請求するようになったので、そちらの方が競争力があるということがわかり、2005年にディアコニーもその方法に変えました。原則的に患者さんがどちらにするかを選べますが、多くの場合は複合体の方法で皆さんに請求書を出しています。

教徒派の教会における在宅介護

　ウルリッヒさんたちが何を行っているかを、具体的に述べます。これは在宅サービスの枠内でということになります。ウルリッヒさんたちは、これに「教徒派の教会における在宅介護」という名前を付けています。この介護は、疾病金庫の枠内で提供できるサービスと介護保険の枠内で提供できるサービスに分かれます。まず疾病金庫の枠内においては、注射や薬を患者さんに与える、または包帯を替えるなどのサービスが含まれます。

　そして介護保険の枠内で行われるサービスというのは、身体介護、それからモビリティ（移動）、食事、さらに家事的なケアがあります。その際に知っておくべきことは、「ドイツでは介護というのは、業者よりも家族が行うことが多い」ということです。実はドイツにおいては、現金給付を受けて、在宅で家族が世話をしている場合も、介護保険の給付を受けている家庭は、定期的にプロの相談を受けなければならないということが義務付けられています。これは相談訪問と呼ばれていて、そのサービスはウルリッヒさんたちも提供しています。

　そして、ステーションのスタッフは24時間患者さんに付き添う

ことはできませんので、何か起きた場合は家族がすぐ介護、また対応できるようにその指導を行うこともしています。さらに、ステーションが提供しているサービス以外のサービスが必要な場合、たとえば緊急のSOSの呼び出しサービスや配食サービスの仲介もしています。

どのような手順で仕事をしていくか

　次にウルリッヒさんたちがどのような手順で仕事をしていくかを述べます。

　まず患者さんとその家族の多くは、ステーションに電話をしてきます。それが病院における社会福祉相談室であったり、または診療所であったりすることもあります。そして患者さん、または家族とアポイントメントをとります。その際に、医師からどのような処方や指示が出ているかをみます。同時に、介護看護の必要な範囲というのをウルリッヒさんたちの方で見ていきます。家を訪問して、そういったことを調べていきます。それに基づいて、ステーションはサービスの見積もりを提供します。そして、それを患者さんがOKしてくれるかしてくれないかをみていきます。OKの場合は契約を結ぶことになります。それでウルリッヒさんたちと晴れて契約を結ぶことになった場合は、1人の人がいろいろな家庭をまわることをします。いろいろな家庭をまわることを1つのツアーと言っていますが、そのツアー計画の中にその要介護者を入れて、同時にその人のデータを職員のスマートフォンに流せるように整理します。

　そのツアーの計画を立てた後、実際に職員がステーションの提供する乗用車に乗って患者さんのお宅を訪ねます（**写真 5-4**）。そして必要な策を講じます。

写真 5-4　訪問用の乗用車

　そのときに必要なことは、どのような策を講じたかをひとつひとつ記録することです。また、患者さんの状態の記録も必要です。状況が変わった場合、家庭医と連絡を取って、次にどのような策が必

要かということを話したりすることもあります。

　そして手当の仕方や処置の仕方が、医師との相談によって変わったということがあったら、それを「本人にそうしてよいか」を確認します。それにOKが出たら、そのデータを電子化して中央のセンターへフィードバックします。中央のセンターでは、それをまた点検します。そして実際に、疾病金庫の方か介護金庫の方かどちらに請求できるかを確認して、サービス提供をまた始めることになります。

　非常に簡単なように聞こえると思いますが、実際は結構大変なことが多いです。そのなかの1つの典型的な問題は、スタッフは朝7時から9時にサービスを提供したがるということです。しかし、ウルリッヒさんたちは7時から9時だけではなくて、9時以降も職員に仕事を与えなければいけないということがありますので、その辺の調整が難しいということです。それから、ステーションがサービスを提供して請求書を金庫の方に送ります。しかし金庫の方から「これは請求できないよ」と言われることもあります。というのも、医師の処方がないということなどがよくあるからです。ドイツは非常に官僚主義の国で、ウルリッヒさんたちは「それをよく感じます」と述べました。

2.　活動の重点

重点の1つは傷の手当て

　ヘルムート・ウルリッヒさんは、最初に、ディアコニースタチオン・フランクフルト・アム・マインの重点の1つは、「傷の手当て」だという話をしました。これは何かというと、単なる傷、要するに開いた傷を手当てしても一般の給付では6.99ユーロしか給付されません。これはとても少ない額です。加えて、手当てを必要としている人のところには車で行かなければならず、とても賄い切れるものではありません。特に傷の手当てが必要な人というのは、精神的社会的な問題を抱えている人が多いのです。

　実際異常な行動をとることもあります。その行動を変えないことには、問題は解決しません。たとえば糖尿病だったら「行動を変え

ること」も知る必要があります。そういった背景があることから、ウルリッヒさんたちは、市の方にもう少し追加のお金を給付してくれたら、より質の高い手当てができるということを訴え続けました。その結果、2001年から追加のお金をもらうことが可能になったのです。

認知症グループホーム

　それからもう1つの重点として、ウルリッヒさんは認知症になった人たちの高齢者のグループホームの話をしました。高齢者では認知症のリスクが高まります。もちろんわかっていることですが、認知症のベストな世話は、家族が行うことです。ただし現在では、家族が世話することは難しくなってきています。一方、大きな介護施設が認知症の人たちをお世話するとしても、なかなかうまくいかないのが実態です。そういったことから、ウルリッヒさんたちの組織では、1グループ7〜8人で、ときには12人のこともありますが、グループホームを作って、できるだけ家庭的な雰囲気の下に、認知症の人たちのお世話をしています。もちろん病気を治すことはできませんが、病状が悪化する速度をゆっくりにすることができることはわかってきています。

　ここで重要なのは、職員のすべてが専門職員ではなく、日常生活における支援者という立場の人たちがお世話をするとうまくいくことです。認知症の人たちを世話する施設は、費用が非常に高いのです。フランクフルト市は福祉に力を入れている市であることから、ウルリッヒさんたちは市に訴えて、高額のため自己負担できない人に関しては市の方で補助をしてくれるように働きかけ、市はそれに応えてくれるようになりました。

使い勝手の良いサービスと退院の次の介護

　使い勝手の良いサービスについての話の中で、お世話というのは2つの分野、側面があることに触れました。1つは、家事的な活動で、買い物の手伝いとか、家事を行う上での手伝いです。たとえば、これは食べ物を作るというよりも作られた食べ物を用意する程度の手伝いになります。それから社会的な世話というのも、もう1つの

重要な側面です。実際に、その患者さんとコミュニケーションをとったり、遊んだり、本を読んであげたり、またはお医者さんまで連れて行ってあげるといったことを指しています。

　もう1つウルリッヒさんたちが重点を置いている、プロジェクトとして行っていることがあります。これは退院後の次の介護、退院から自宅での介護への移行期間というようなプロジェクトです。ウルリッヒさんたちだけではなく、ディアコニーのソーシャルステーションと一緒に行っていることになります。これは、退院管理のことですが、退院というのは病院の側からみた形です。ウルリッヒさんたちは患者の側からみて、管理していくのです。「本当は病院の役割なんだけれどもね」という説明でした。

認知症または精神的な病気を持つ人たちの在宅の世話

　さらに、ウルリッヒさんたちが重点を置いているのは、フランクフルト市から助成を受けている事業です。これは認知症もしくは精神的な病気を持った人たちの在宅におけるお世話になります。認知症になっている人は、グループホームに入る段階以前から長い間病気になっている状態が続いている人がほとんどです。そういった状況で、家族は非常に大きな負担を抱えているのが現実です。そのような家族の人たちの包括的な相談にのったり支援をしたりすることは、非常にニーズの高いサービスです。

　そうした非常に重い負担がかかっている家族に対して、どんなサービスがあるかを教えてあげたり、またそういった家族の人たちのためのお話サークルを紹介してあげたりしています。

孤独から引き出すための事業

　重点を置いている活動には「孤独」への対応というものもあります。特にフランクフルトのような大きな都市では、孤立して生活している高齢者が多くいます。そういった高齢者は、社会のネットワークから漏れてしまって、自分の家に引きこもって1人で寂しく過ごしています。この人たちはまだ要介護の状態ではありませんが、寂しく暮らしているという人たちです。そのような人たちを、孤独から引き出すための事業に、ウルリッヒさんたちは参加しています。

その資金も、ある財団からもらうことが可能になりました。

　どうしてそういう状態になってしまったのか。今まで一緒に暮らしてきたパートナーを亡くしてしまうという状況にある人たちもいます。でも、それだけではなく、よくあるのはやはり精神的な病気が背景にあって、孤独な状態になってしまっているケースです。

職員数と実績

　これまで述べてきた活動をどれくらいの職員が担っているのか、スタッフの数を示します（**表 5-1**）。これは 2016 年末の数値です。職員は全部で 84 人います。そのうち女性が 73 人、残りの 11 人が男性です。介護看護の事業に女性が多いというのはありがちなことで、ディアコニーも同じです。勤務形態は 45 人がフルタイムで 39 人がパートタイムです。

　2016 年の訪問件数の実績をみると、9 万件ありました（表 5-2）。時間にすると 3 万 5,000 時間です。これは介護看護の時間になります。常時平均して 350 人の利用者を扱っています。そしてそれを

表 5-1　ディアコニースタチオン・フランクフルト・アム・マインの職員数（2016 年 12 月 31 日現在）

職員数：84 人（女 73／男 11）／うち 45 人がフルタイム／39 人がパートタイム
＊ Leitung／Verwaltung（経営／管理）：11 人
＊ HausKrankenpflege1（ホームヘルパー）：44 人〔davon2 Azubis, Altenpflege（2 人の研修生、高齢者介護を含む）〕
＊ Projekte（プロジェクト）：10 人
＊ Wohngemeinschaften（住宅のコミュニティ）：15 人
＊ Sonstige（その他）：4 人

（出所）Diakoniestation Frankfurt am Main, 2017.

表 5-2　エバンゲリッシュ・ケアセンターの実績（2016 年）

ca. 90,000 Hausbesuche-Jährlich（90,000 件の家庭訪問数／年）
　ca. 35,000 Stunden Pflegeazeit-Jährlich（35,000 時間の介護看護／年）
　durchschnittlich re. 350 Kund(inne)n（平均 350 人の利用者）
　44 Pflegekräfte（44 人の看護師）
　　○ examiniert（資格者）：23 人〔Vollzeit（フルタイム：19 人）〕
　　○ nichi-examiniert（無資格者）：21 人〔Vollzeit（フルタイム：10 人）〕

（出所）Diakoniestation Frankfurt am Main, 2017.

44 人の看護師でこなしていることになります。この 44 人の中で、資格を持っている人は 23 人で半分以上です。高齢看護を行っている看護師か、そうでない看護師で、両方とも 3 年間の教育を受けて取得できる資格です。教育期間が少し短い助手的な資格を持っている人たちも中にはいます。

強みは専門性が高いこと、課題は人材不足

　ディアコニースタチオン・フランクフルト・アム・マインの強みは、専門性が非常に高いことです。そして教会の組織であるということもあって、職員は教会的な活動もしています。精神面でもそのような宗教的メンタリティを持っていることもあり、非常に一生懸命で、積極的に活動する傾向があります。そういったことから、アンケートを利用者にとると、「満足している」という結果を得ることができます。また疾病金庫、介護金庫の相談機関の MDK からは毎年評価を受けていますが、それもとても良い結果になっています。「もっと良くてもいいかな」とウルリッヒさんは述べました。

　そしてドイツ工業規格における ISO のサーティフィケーション（認定）も持っています。またドイツの障害または労災におけるサーティフィケーションもあり、その認定も受けています。ウルリッヒさんたちが非常に努力していることは、利用者を全人的に扱うということです。介護看護の枠の外でも利用者のニーズがあると、フランクフルトにある他のサービスがないかを探してあげたりしています。

　しかし、問題があります。それはウルリッヒさんたちの課題でもあるのですが、人手不足ということです。いつも人材を探していますが、なかなか見つかりません。それからスタッフが高齢化していることもあります。また、フランクフルトには同じような業者が 150 もあり、非常に競争が激しいです。

職員の保護にも重きを置いている

　ウルリッヒさんは「今までお話しした中で、私たちの価値観を伝えられたと思いますが、特に大切にしているのは、活動のために時間をできるだけ投資してあげるということです」と述べました。こ

れは、幸いなことに介護金庫、または疾病金庫が出してくれるお金の枠外であっても、必要であればディアコニー的な時間というものを利用者に提供することができるということです。それはウルリッヒさんたちの組織の上部の連合会が、いざというときにはお金を出す余裕があるからです。そういったことから事業活動はできる限りで担当者制にしていて、同じ担当者を同じ利用者に送るように配慮しています。

「いろいろ努力はしていますが、すべてのことを私たちの犠牲を払ってまでする必要はなくて、大切な職員の保護ということにも非常に重きを置いています」とウルリッヒさんは最後に述べました。

3.　介護改革

写真 5-5　介護サービス責任者のヘイプラー・グライナーさん

1994 年からステーションで働いているヘイプラー・グライナーさんは、介護サービスの責任者です（写真 5-5）。提供した介護看護サービスを請求する上での法的な根拠について説明を聞きました。

介護看護サービスを請求する上での法的な根拠

重要なのは、社会法典第 5 篇（SGB Ⅴ：Sozialgesetzbuch Ⅴ）という法律の改編です。そこには疾病金庫から受ける給付のルールがすべて書かれています。2 つ目の重要な柱になるのが、社会法典第 11 篇（SGB Ⅺ：Sozialgesetzbuch Ⅺ）で、これは介護保険の給付のルールについて定めています。そして 3 つ目の重要な柱になっているのが、社会法典第 12 篇（SGB Ⅻ：Sozialgesetzbuch Ⅻ）で、社会福祉の運営者にかかわるルールが書かれています。

在宅介護看護やお世話が必要な人のうち、保険からはみ出た部分の自己負担分を払えない人について、市町村がその負担分を請け負うことが、第 12 篇に書かれています。フランクフルトの場合はフ

ランクフルト市が担当するわけですが、その際に、本人の収入や生活の状況についてもどうなっているのか調査し審査します。それと併せて、子に金銭的な援助義務がないかもみていきます。

　そして社会法典第5篇においては、在宅における看護サービスに関する給付についてのルールも定められています。ドイツでは開業医から指示があると、在宅でも保険から給付が可能になります。看護の内容としては、注射、点滴、包帯を替える、圧迫包帯を巻くなどの作業が含まれています。そして医師が「この人は看護の必要がある」と診断し、「これくらいの期間このような処置が必要だ」ということを指示します。その指示の内容が疾病金庫の許可を得られた段階で、事業者が医師の委託を受けてサービスを提供することが可能となります。

家事的な支援

　看護サービスは上述した通りですが、それ以外に、薬を与える、非経口型の栄養摂取の援助という作業などもあります。また、家事的な支援も含まれてきます。これらも疾病金庫からの許可が必要であることは同じです。ただし、これは短期的なお世話が必要な人に限られるということです。たとえば転倒した人や非常にひどい風邪を引いてしまった人などが対象です。先にウルリッヒさんが、「この事業所には専門的な職員が多い」という話をされましたが、この部分は、専門的な職員しかやってはいけない作業なのです。

　ウルリッヒさんの話によると、包帯を替えるのが6ユーロ49セントです。それから薬を与えるのが3ユーロ42セント、また患者の家まで車で移動するのは5ユーロ21セントです。それを1カ月まとめて行うと、金額的にもかなりいい仕事になります。

介護保険の給付サービス改革

　グライナーさんたちの仕事の多くを占める部分が介護保険の給付サービスです。現在約290万人がこの枠内で給付を受けています。ドイツは高齢化が進み、2050年にはその数が倍になると予測されています。これらの人たちのほとんどが在宅で世話を受けています。ただその中で、グライナーさんたちのような事業者のサービスの提

供を受けているのは25％のみということでした。それ以外の人たちは、家族からのみ世話を受けています。

　ドイツでは、公的または民間の介護保険の加入者は所得の2.55％を保険料として払わなければなりません。それが介護保険の財源になっています。そして最近保険料率が上がりました。それによって36億ユーロ分増えたそうです。そして2050年に向けた準備金も用意しました。

　ドイツでは状況が変わっていますので、その時々の社会状況に合わせて介護保険法改革が行われています。2013年には介護保険新展開法が施行されました。そして2015年には介護強化法の1、2017年の1月からは介護強化法の2と3が、実際に施行され始めました。

第一次介護強化法による給付拡大

　介護強化法の第1弾に約4％の給付の拡大がありました。そしてその年から、すべての被保険者を対象に、日常生活を可能にするために、追加的な世話給付が行われ、必要性に応じて104ユーロから208ユーロが給付されるようになりました。またこの年から通常もらえる給付とは別に、追加としてデイケアまたはナイトケアのサービスに1カ月1,612ユーロを上限に給付を受けられるようになりました。また1年間に6週間まで合計で1,612ユーロまでの障害給付、またはショートステイ介護の追加的な給付も受けられるようになりました。この障害給付は、介護者が病気になったり休暇を取ったりして介護できない場合に、その代わりをしてくれる事業者及び家族外の人への介護・世話代です。

　さらに高齢者に優しい住居への改造のための給付額もかなり引き上げられて、4,000ユーロまでになりました。具体的にはお風呂に手すりを付けたり、シャワールームをバリアフリーにしたり、バスタブにリフトを付けたり、階段にスロープを付けたりといった工事への給付です。車いすを使用する人のために、ドアの間口を広くする工事も含まれています。これはただ1回限りというわけではなく、1年後に別の措置が必要になったときには、もう一度申請することが可能です。また2カ月ごとに、追加金として40ユーロが与えら

れます。これは介護看護に使うような消費財に対しての手当で、失禁に関するオムツや手袋といった給付です。

グループホームの設立補助金

　新しいグループホームを設立した際の設立資金の補助金として、最高で1万ユーロまで、またある建物をそれに合わせた形に作り直すというような資金に対しては1万6,000ユーロまで補助金が出ます。そういったグループホーム用の追加金として、1カ月で最高820ユーロの補助金が出ることになりました。新しい住居に4人以上の人が住む場合、そのグループホームは、こうした補助を受けられるようになります。これは企業向けの補助金ですが、一般の人たちが独自にイニシアチブをとって設立するときの補助金にもなります。つまり、グループホームを切望している一般の人たちが作る時の資金にもなるのです。「あなたに自分自身の両親とそれから配偶者の両親がいたとします。その4人が一緒に住めるような家を作るということを考えてみてください。そういったケースです」とグライナーさんは述べました。そしてこれ以外に、普通の介護の給付も出ます。だから別枠で出るということになります。

第二次介護強化法による新しい要介護定義

　2017年から第二次介護強化法が本格的に施行されました。最も中心的な役割を果たすのが、新しい要介護定義になります。これまでの要介護というのは、「身体的な支援のニーズにいったいどれくらいの支援が必要であるか」ということを、時間で計っていました。しかし、2017年の初めからは、「その本人が、どれだけ自立してできるか」ということのみをみるようになりました。たとえば「食べる」とか「体を洗う」とかそういったことです。時間ではなく、その人が1人でどこまで何ができるかということだけをみるのです。

　これまでは認識能力、特に認知症などは、ほとんど考慮されていませんでしたが、新しい定義においては、そういった側面も一緒に考慮されるようになりました。そしてそれらには6つの基準があり、その基準でどれだけ自立しているか測ることによって、介護度を決めるようになりました。

6つの分野の評価比重

　6つの基準について、文献から少し補足します。

　この要介護認定制度は、6分野における自立度とその人が持っている能力を評価していきます。6分野は6モジュールと言われていますが、それぞれ①運動能力（モビリティ）、②認知能力及びコミュニケーション能力、③行動及び心理面での症状、④日常動作（セルフケア）、⑤病気または治療への対処（精神的問題、医療的処置）、⑥日常生活及び社会生活（生活形成、社会的接触）という分野に分かれています。そして、「②認知能力及びコミュニケーション能力」と「③行動及び心理面での症状」は、それぞれの分野ごとに点数を出しますが、どちらか点数の高い方だけを考慮することになっています。全体として①〜⑥まで、それぞれの分野ごとに点数の比重が決まっています（**表 5-3**）。

　「運動能力」はモビリティのことで、これは「移動」という意味ですが、「寝返りを打てるか」（体位変更の際の自立性）や「家の中をきちんと歩くことができて移動に問題がないか」（短距離の前進運動）など、そういった項目がいくつかあります。項目ごとに自立度に応じて点数がつきます。モビリティに関しては、全体の評価の中で10%の比重になります。

　最も大きく40%の比重とされている「日常動作」はセルフケアの分野で、これは「衛生ケア」や「食事を自分でとれるか」などです。つまり、食事や身体ケアといった日常生活動作における自立性です。そしてその他が「認知能力・コミュニケーション能力」もし

表 5-3　6つの各分野の評価比重

分野	評価比重
①運動能力	10%
②認知能力及びコミュニケーション能力または③行動及び心理面での症状	15%
④日常動作	40%
⑤病気または治療への対処	20%
⑥日常生活及び社会生活	15%

（原資料）Sozialgestzbuch（SGB）—Elftes Buch（XI）—Soziale Pflegeversicherung.
（出所）渡辺（2016）より筆者作成。

くは「行動及び心理面での症状」で 15% の比重です。また「病気または治療への対処」の「医療的処置」は「自分で薬が飲めるか」といった服薬、「自分で包帯を替えないといけないようなとき、包帯を替えることができるか」といった傷の手当てになります。これが 20% の比重です。そして「日常生活及び社会生活」は「生活形成・社会的接触」のことであり、おしゃべりができるかではありません。「自分で 1 日の計画を立てて、それなりに行動ができるか」、「1 人で外に出られるか」で、これが 15% の比重になります。おしゃべりは「コミュニケーション能力」にあたります。

第三次介護強化法による介護休暇

　第三次介護強化法について若干述べると、新しい給付として、家族もしくは家族でなくても、介護をしている人が何か相談事がある場合に相談にのってもらえるような請求権が新しくできました。それは個人的なコーチであることもありますし、またグループでコースとして教えてもらうこともあります。たとえば、「ベッドから車いすへどのように移乗させたらよいか」を、その人のニーズに合わせて教えてくれるというコースです。

　また介護をしている人は、必要であれば 10 日まで休みを取ることができます。3 人以上の従業員がいる企業においてはそのような休みを保障しなければいけないと決められています。ただしこれは、新しいサービスではなく 2013 年から実施されています。また 1 週間に 14 時間以上介護をしている介護者は、介護保険によってそれを認定され、介護を受けている人に関しては、年金保険の補助金を受ける権利も保障されました。

　介護休暇についても、その間の給料の全額を保障するわけではありませんが、必要な場合 6 カ月までの休みを保障することが必要になりました。障害給付の一部として、ショートステイも可能となりました。

　新しいサービスではありませんが、部分入所介護が可能になります。それが 1,612 ユーロを上限にということです。原則的に在宅にするか入所にするかという決断は、本人がすることになります。また部分的入所を選ぶことも可能です。

介護をする人たちに「とても重要ですよ」とグライナーさんたち
がいつも言っていることは、「休みを取りなさい」ということです。
また「同じような立場の人たちとお話サークルに参加するといいで
すよ」ということです。とにかく、「時々家から出てお休みをした
方がいいです。また４週間お休みを取ることも可能ですよ」という
ことをグライナーさんたちは強調しています。

4.　介護改革の評価

支払い方式

　基本的に疾病金庫の支払い方式は、出来高払い方式です。介護金
庫にも出来高払いがありますが、包括払いもあります。「複合的な
支払方法がある」という説明を私たちは聞きました。たとえばより
多くのサービスを提供すれば、複合的なセットがあり、複合セット
が何種類にもなるとその分だけ給付が増え、事業者への支払いも増
えるということです。

　複合セットはどのような内容でしょうか。たとえば身体的なケア
なら、頭のてっぺんから足の先までです。この複合セットの中には
服の着脱も含まれていますし、口腔衛生も含まれています。もし、
髪の毛を櫛でとかす、そしてドライヤーで乾かすというサービスを
望むとしたら、それは追加的なサービスになります。またベッドに
寝ていて、ベッドから起こす行為が必要な人の場合は、それをまた
追加します。失禁があれば、さらにそれも追加サービスになります。

　１日何回訪問しても、それが包括されるわけではありません。行
為別に足していっての包括です。つまり、回数によって報酬がより
多くなります。もっと理想的なのは、これに加えて疾病金庫からの
給付も必要な場合です。たとえば薬を与えるなどの場合です。

　薬に関しては、ケア行為としての「与薬」については出来高払い
です。特に疾病金庫のサービスが追加されると、ステーションにと
って良い仕事になります。それは、専門性の高いケアを提供してい
るからです。かつ与薬は、２分でできてしまう仕事だからです。

　疾病金庫と介護金庫からの支払いの比率は、それぞれおおよそ
25％が医療保険、75％が介護保険です。現在では、疾病金庫からの

医療保険の給付を渋る傾向があります。かつては与薬の際に、1度
に6カ月分とか1年分の許可が出ていましたが、最近は3週間分し
か出なかったりという感じです。それでも「医療保険の支払いが
40％くらいまで伸びるとうれしいのです」とヘルムート・ウルリッ
ヒさんは言っていました。ちなみに、常時抱えている利用者は平均
で350人です。

退院支援プロジェクト

　退院支援プロジェクトを新しく始めているのですが、これはどう
いう背景からでしょうか。ドイツでも病院の入院日数が短くなって
いるからでしょうか。実は、利用者を自分たちのところに引き留め
ておくという目的があるそうです。というのも、もともと利用者だ
った人が入院をきっかけに別の事業者に移ってしまうこともあるの
で、それを防ぐためだそうです。

　具体的には、プロジェクトはどのような中身でしょうか。まだ入
院中の利用者のところに行って、病院側と「退院したらどのような
お世話をするべきか」ということを具体的に話し合います。「それ
は今までなかったのか」というとそうではなく、これまでは「シス
テマティックには行われていなかった」ということです。職員は
時々ボランティアという形で行ってはいました。また、その病院に
偶然に行くことがあれば、そのときに尋ねたりしていました。私た
ちは、今回の視察で、ドイツの介護業界は「競争的な市場である」
ことを知りました。

　配布された資料には「ジョイントベンチャー」と書いてありまし
た。これはどういう意味かというと、そもそも「ジョイントベンチ
ャー」とは、「戦略的提携」のことを指すマーケティング用語です。
この場合、ディアコニースタチオンは、他のステーションと一緒に
退院支援を行っているということです。

　プロジェクトの資金はどこから調達しているのでしょうか。資金
は、教会税を助成金としてもらっていましたが、残念ながら「教会
としてはもう払いたくない」と言ってきたそうです。そうすると今
後、どこから資金調達するのでしょうか。ヘルムート・ウルリッヒ
さんは「いま闘っているところです。少し額は低くなるかもしれま

せんが、今後も助成してもらうか、それ以外にどうしていくか考えていきます。特に利用者が他の事業者のところに移ってしまうリスクがあることを考えながら、どうしていくかを考えていきたいです」と説明しました。

改革をどのように評価するか

　第二次と第三次の介護強化法が、2015 年と 2017 年にスタートしたことで、「高齢者家族の側は給付額も増え範囲も広がったのでとても良いと思いますが、事業者の立場からは今回の法律改正はどのように評価していますか」と尋ねました。

　確かに給付範囲が広くなったことによって、事業者も金庫から支払われるサービスの範囲が広くなりましたし、その料金もより多くの額がもらえるようになったことは確かです。また、125 ユーロという追加的な手当を、事業者が供給することが可能になり、家事に近いサービスも加わりました。ですから、通常の介護看護として患者さんのところに行った時、たとえば窓を開けてあげたり郵便物をポストからとってきてあげたり、そういった家事に近いサービスを提供して、請求することができるようになりました。ただ一方で、ウルリッヒさんが言うには、「もっと期待をしていたけれども、まだまだ十分にはうまくいっていない」ということのようです。

　スタートしてまだ間もないこともありますが、「もっと事前に、新しい給付体系に合わせて準備しておくべきだったと思っているし、今になってからでは、良い時期を逃してしまった。今から行うのは難しい」と感じているそうです。さらに、ウルリッヒさんは、「これはもしかしたらフランクフルト特有のことなのかもしれないし、生活費が高いフランクフルトに住んでいるということもあってかどうかわかりませんが、皆さん給付が増えたとしても、より多くのサービスを使って楽をしようというよりも、できるだけ多くのお金を自分のところにとどめておこうという傾向が強いので、なかなか難しいですね」と言いました。

ディアコニーだからこそ質を大事にする

　実は介護事業者といっても、現在は普通のサービス業者と同じよ

144

うに行動していかなければいけないようになっています。しかしディアコニーの歴史からすると、「積極的にものを売っていく」ことが難しい状況があります。ウルリッヒさんは「私たちはいい人間だからというような観念がなかなか頭から離れないことがあります」と言いました。そういったことから介護改革の第2弾があったときに、もっとそれを積極的に受け入れていくべきだったのですが、それがウルリッヒさんたちには難しかったという背景がありました。

　「それは、ディアコニーだからなのでしょうか、他の事業者も同じようなことがあるのでしょうか」と尋ねると、「ディアコニーだからこそ」ということでした。1995年に教会のディアコニーから有限会社にしたことを今回の視察で知って私は少し驚きました。でもそれは、非営利から営利になったということではありませんでした。非営利の有限会社になったということでした。ただ非営利といっても、利益が出たらその利益を自分のポケットにしまってはいけないというだけであって、コストを賄うだけの採算をとらなければいけないことは普通の企業と同じことです。

　事業者の競争が激しいということで、利用者がいったん入院すると別の事業者に持っていかれるかもしれないということでした。それは、他の事業者が売り込みに来るのか、誰かがそういった利用者の情報を得ているのか、患者はなぜ今利用している事業者から他のところに行くのか疑問です。どうしてか聞いてみると、「お酒を渡したりワインやコーヒーをおごったりして、病院の社会福祉相談室と関係づくりをして、他の業者が情報を得ていると私たちは想像しています。証明はできませんがね」とウルリッヒさんは述べました。

　ウルリッヒさんたちのステーションでは質にこだわっているので、そういったことをする質の低い人たちがいることに驚いています。他のところが良くないことをしているのはよくわかるそうです。どうしてかというと、あまりにも仕事の質が低いため、このステーションを辞めさせられた人が別の事業所に採用されて、そこで仕事をしていると聞いているそうです。

　そういったこともわかっているので、ウルリッヒさんたちは質を大事にして、「自分たちは質で競争するしかない。また、さまざまなプロジェクトを実行して主張していくしかない」と述べました。

注

1) 英語では Evangelicalism と言い、福音主義（ふくいんしゅぎ）のことです。元来、キリスト教において宗教改革の立場を採る考え方を福音主義と呼びました。

2) ヘッセン州（Land Hessen）は、ドイツに16ある連邦州の1つ。州都は、州南西部に位置するヴィースバーデン。経済の中心都市は州南部に位置するフランクフルトです。グリム兄弟の生地ハーナウを起点として北へ、グリム童話ゆかりの地を結ぶドイツ・メルヘン街道や、木組み建築の町、アルスフェルトなどの観光地があります。ヘッセン州はドイツ中西部に位置し、北はニーダーザクセン州、北西はノルトライン＝ヴェストファーレン州、南西はラインラント＝プファルツ州、南はバーデン＝ヴュルテンベルク州、南東はバイエルン州、東はテューリンゲン州と隣接しています。

3) ナッサウ（Nassau）は、ドイツ連邦共和国ラインラント＝プファルツ州ライン＝ラーン郡に存在する市。ナッサウ連合自治体（Verbandsgemeinde Nassau）の行政庁所在地となっています。バート・エムスとリンブルク・アン・デア・ラーンの間のラーン川渓谷にあり、ドイツ-オランダ間を巡回する、オラニエ街道（あるいはオレンジ街道とも言われる）沿いにあります。

4) ライン＝マイン地方（Rhein-Main-Gebiet）またはフランクフルト／ライン＝マイン大都市圏（Metropolregion Frankfurt/Rhein-Main）は、国土整備閣僚会議により定義されたドイツの欧州大都市圏の1つです。ライン川とマイン川の2つの川にちなんで命名されました。ヘッセン州南部に位置しており、さらに隣接するラインラント＝プファルツ州（ラインヘッセン）やバイエルン州（ウンターフランケン）の一部を含みます。この大都市圏の中核をなすのがフランクフルト／ライン＝マイン中心地域（Ballungsraum Frankfurt/Rhein-Main）です。大都市圏の人口550万人のうち、220万人をフランクフルト／ライン＝マイン中心地域が占めています。

5) そもそも「『ディアコニー』という語は本来、『奉仕』を代表的な意味とする"διακονια"というギリシャ語の独訳であり、この言葉には、新約聖書に示されている援助を要する人々への積極的な隣人愛を示すことが意図されています。また、『塵の中を通る』との意味を持つことから実際には塵の中に居ることを表すという理解や、主人に対する奴隷の『無私の給仕の心』を示すとの指摘もなされています」（梶原・岡本 2015）。

文献

Diakoniestation Frankfurt am Main, *Präsentation aus Anlass des Besuchs einer Delegation aus Japan,* am 29. 08. 2017.

Sozialgestzbuch（SGB）—Elftes Buch（XI）—Soziale Pflegeversicherung.

梶原直美・岡本宣雄「ドイツ・ディアコニー事業団に関する日本国内の研究に

ついて」『川崎医療福祉学会誌』Vol.25、No.1、2015 年、pp.1-12。
渡辺富久子「ドイツにおける介護保険法の改正──認知症患者を考慮した要介
　護認定の基準の変更──」国立国会図書館調査及び立法考査局『外国の立
　法』No. 268、2016 年 6 月、pp.38-89。

第6章 フーフェラント高齢者総合施設
（ヘッセン州・フランクフルト）

フーフェラントハウスの入口

1. フーフェラントハウスの概要

ゼックバッハとゲーテハウス

　2017年7月30日午前中は、フーフェラント高齢者総合施設（以下、「フーフェラントハウス」という）を訪問しました（写真6-1、6-2）。

　フーフェラントハウス（Hufeland-Haus）は、複合的な施設として、フランクフルト市の東側のゼックバッハ（Seckbach）という一市区（シュタットタイル）にあります。フランクフルトは現在46の市区から成り立っている都市ですが、ゼックバッハは市街地

からバスで順調に走れば20〜25分くらいで到着できる場所にあります。訪問時はフランクフルトの朝の通勤ラッシュ時間帯にあたりました。ただし、ドイツの就業時間は人それぞれで、営業時間とは関係なくばらばらに出勤します。時差通勤なども取り入れられています。

　右手にパウルス教会を見ながら左手にゲーテハウス（ゲーテの生家）が見えてきました。この地で26歳まで過ごしたゲーテですが、その後永住することになるワイマールに移っています。82歳で「もっと光を」と叫んで、1832年3月2日に亡くなったドイツが誇る文豪です。

フランクフルトの交通事情

　フランクフルトの路面電車は、延伸工事が現在も行われています。排ガス規制に準拠して、排気ガスを出さない乗り物、公共交通機関を多く利用しようという運動がドイツの中にはあります。平日であれば7〜8分に1本、ないし10分に1本の間隔で運行され、夜間・休日だとそれが間引きされます。街の人たちはほとんど公共交通機関を利用します。ドイツは、市内交通機関の1枚のチケットで、地下鉄、路面電車、バスのどれでも1回一方向、約1時間半で到達できる距離までは何回乗り換えをしても有効です。また、1日券を買い求めた場合には、どの街に行っても3回以上公共交通機関に乗れば元がとれてしまう価格です。また、2人以上5人以下で利用するグループチケットは、2人分くらいの料金で購入することができるので、安く上がる方法の1つになっています。

　市街地のそこかしこで段差を減らす工事が行われていました。市の交通局では、乳母車や車いすを段差なくそのまま車両の中に導き入れるような方法が考えられています。

　また現在、フランクフルトを走っているバスの車両の中には、スロープが用意されていて、そのスロープを使って車いすなどをそのまま持ち込むことができるような設備が整っています。

フーフェラントハウスの機能

　左手に緑がうっそうと茂った公園が見えてきました。ロスチャイ

ルド家[1]の住居跡です。現在は一般市民に公開されています。中には屋外ステージが設けられていて、夏の時期は一般市民の合唱団などのコンサートが行われていたりもする市民の憩いの場になっているところです。

　少し行くとザンクト・カタリーネン病院が見えてきました。この病院とフーフェラントハウスは距離が近いこともあって提携しています。また、この近隣の6つの診療所とも提携をしていて、何かあったときには医師が駆け付けられるような体制がつくられています。高速道路（アウトバーン）661号線を越えて、ゼックバッハに入ると、ほどなくフーフェラントハウスの建物が右手前方に見えてきます（図6-1）。

　マルクス・フェルナー（Markus Förner）さんとペトラ・エンゼロース（Petra Enseroth）さんの案内で、フーフェラントハウス内を視察し、ミッション、歴史、現状について聞くことができました。

図6-1　フーフェラントハウスの位置

写真6-1　フーフェラントハウスの外観

写真6-2　玄関に飾られたフーフェラントの自画像

150

表 6-1　フーフェラントハウスの機能

No.	ドイツ語表記	日本語表記
1	Altenpflegeheim Stationäre Pflege und Kurzzeitpflege	老人ホーム 入院治療と短期治療
2	Wohnpflegebereich ・Pflegeeinrichtung und Wohnen ・für Menschen zwischen 18 und 65 Jahren ・mit einer erworbenen(körperlichen) Behinderung	在宅介護エリア ・介護施設と住まい ・18 〜 65 歳の人 ・後天的（身体的）障害がある
3	Betreutes Wohnen	生活支援
4	Tagespflege(für Senioren)	デイケア（高齢者向け）
5	Ambulante Pflege	救急医療
6	Cafeteria ・Warmer Mittagstisch (2-3 Menüs) Salattheke, Kiosk & Snacks ・Kaffee und Kuchen ・Offen für jedermann	食堂 ・温かいランチテーブル（2 〜 3 メニュー）、サラダバー、キオスク、スナック ・コーヒーとケーキ ・誰でも参加できる
7	Essen auf Rädern	宅配　給食
8	Altenpflegeschule	高齢者介護学校
9	Kita	デイケアセンター
10	Therapiepraxis ・Physiotherapie ・Ergotherapie ・Logopädie	治療の実践 ・理学療法 ・作業療法 ・言語療法
11	Beratungsstelle	アドバイスセンター
12	Bewegungsbad Warmwasserbecken für Therapie und Schwimmkurse	運動プール セラピーやスイミングコース用の温水プール
13	Kapelle	チャペル
14	Geriatrische Klinik des Sankt Katharinen-Krankenhauses	老人クリニック ザンクト・カタリーネン病院
15	Praxis Dr. Sanke Facharzt für Unfallchirurgie und Orthopädie	プラクスィス・ドクター・サンケ 外傷手術と整形外科のスペシャリスト

注1）No.は、図 6-2 中の建物番号と一致。

　表6-1 は、フーフェラントハウスの機能を表にしたものです。
そして、図6-2 は「フーフェラントハウスの多様性」（Hufeland-

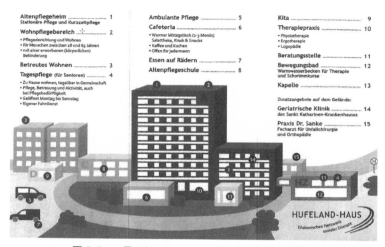

Altenpflegeheim 1
Stationäre Pflege und Kurzzeitpflege

Wohnpflegebereich 2
• Pflegeeinrichtung und Wohnen
• für Menschen zwischen 18 und 65 Jahren
• mit einer erworbenen (körperlichen) Behinderung

Betreutes Wohnen 3

Tagespflege (für Senioren) 4
• Zu Hause wohnen, tagsüber in Gemeinschaft
• Pflege, Betreuung und Aktivität, auch bei Pflegebedürftigkeit
• Geöffnet Montag bis Samstag
• Eigener Fahrdienst

Ambulante Pflege 5

Cafeteria 6
• Warmer Mittagstisch (2-3 Menüs)
  Salattheke, Kiosk & Snacks
• Kaffee und Kuchen
• Offen für jedermann

Essen auf Rädern 7

Altenpflegeschule 8

Kita 9

Therapiepraxis 10
• Physiotherapie
• Ergotherapie
• Logopädie

Beratungsstelle 11

Bewegungsbad 12
Warmwasserbecken für Therapie und Schwimmkurse

Kapelle 13

Zusatzangebote auf dem Gelände:

Geriatrische Klinik 14
des Sankt Katharinen-Krankenhauses

Praxis Dr. Sanke 15
Facharzt für Unfallchirurgie und Orthopädie

HUFELAND-HAUS
Diakonisches Netzwerk sozialer Dienste

図6-2　一目でわかるフーフェラントハウスの多様性

Haus…mehr als Sie glauben!）で、それぞれの場所でどういったことが行われているか、どこにどういった建物がつくられているかを示しています。フーフェラントハウスが高齢者総合施設であり、多様性ある複合施設であることがわかります。

ジャーナル（Hufeland Spiegel）の発行

　図6-3は、年間3回ほど発刊しているフーフェラントハウス発行のジャーナル（Hufeland Spiegel）です。どのようなことが行われているかが書かれているものです。このジャーナルの写真は、ヘッセン州の健康保険省の人たちの研修の様子の写真です。研修は2年ごとにフーフェラントハウスで行われているのですが、ちょうど新年度の最初の時期に州の健康保険省の人が訪れて、講座を始めるということで挨拶があり、その時の写真を掲載したそうです。

図6-3　フーフェラントハウス発行のジャーナル

　全体で約3時間の訪問予定で、マルクス・フェルナーさんから1時間ほどフーフェラントハウスの状況と歴史について説明があった後に、フェルナーさんの同僚のペトラ・エンゼロースさんから認知症とケアについての説明を受けました。2人ともすでに18〜19年ほどフーフェラントハウスに勤務しているとのことでした。その後、建物の中を可能な限り見学しました。

2.　歴史とケア

　マルクス・フェルナーさんは、フーフェラントハウスの歴史とここで行われているケアについて説明しました（**写真6-3**）。

ハウスの設立は最初のミッション

写真6-3　説明するマルクス・フェルナーさん

　フーフェラントハウスは、プロテスタントの宗教のミッションの1つとして起こされた事業で、教会の中で行われている仕事です。1950年から事業が開始され、介護、看護のケアといったさまざまな部門に分かれています。現在では、それぞれの建物、グループの中で、その分野ごとに専門家を養成し、その人たちが介護・看護のケアに参加していくことで、徐々に拡大している事業にもなっています。

　第二次世界大戦後、多くの混乱の中で、高齢者たちが都市を目指して集まって来ました。当時はすべての人が健康だったわけではなく、生活に支障のある人もいました。負傷し看護が必要だった多くの人、それから1人になってしまい誰かに助けを求めないと生活できないような状況にあった人、栄養失調の人、家族を戦争で亡くして身寄りがなくなった人たちです。そういった人たちのために、施設部門をもっと開拓しなければならないという動きが起こりました。それはおよそ1960年代初頭の出来事で、さまざまな機関やグループが、ドイツの国内にこういった施設を設けるようになりました。

　ミッションは、助けを求めた人たちが集まって一つ屋根の下で共

同生活ができる建物が必要と考えられたのが最初です。

　現在、フーフェラントハウスには 330 人が在住しています。その他に通いで来ている多くの人たち、また、その人たちの介護に従事している人たち、そしてさらにはここで勉強や研修をしている人たちがいます。つまり、単に介護施設といっても、さまざまな人たちの出入りがあるのがフーフェラントハウスの特徴です。

クリストフ・ヴィルヘルム・フーフェラント

　1970 年代になって、今までの介護・看護を見直しました。高齢者だけではなく、身体や精神に障害を持っている人などにも対応が必要と感じたからです。フーフェラントハウスでも、どんどん人数が増え、拡張・拡大を繰り返していった結果、現在に至っているわけですが、これまでの研究や体験をもとに、現在でも新しいものに挑戦し続けています。健康のまま歳を取っていく人ももちろんいますが、何らかの支障が起きたり怪我をしたりして、1 人では動けなくなる人、そして高齢化していく人、さまざまな人がいます。

　フーフェラントハウスという名称は、今から約 250 年前にドイツの微生物学を主に研究していた医師のクリストフ・ヴィルヘルム・フーフェラント（Christoph Wilhelm Hufeland）[2] から取っています。彼は、高齢者の介護・看護を研究していたこともあったので、施設の名前としました。

　健康のまま生涯を終えるのがもちろん理想ではあるのです。しかし、病気を患う人、虚弱で健康体でない人もいますし、精神を病んでしまう人もいます。私たちは一人ひとりの状況に合わせた対応が必要と考えています。そういう点を踏まえた研修を行い、症状や状況に合わせて介護や看護の方法について研究していくことが重要になります。

ドイツで初めてのデイケアセンター

　フーフェラントハウスは常に新しいことを取り入れていることがモットーでもあります。1973 年にはドイツで初めてのタームレスケア、つまり日帰りで、日本でいうデイケアセンターを始めました。およそ 20 年前の 1997 年からは、医療を取り入れて、フーフェラン

トハウスでケアを継続的に受けられるように設備を整えることも始めました。しかし、ここに大きな医療施設があるわけではないので、近くにあるザンクト・カタリーネン病院と提携しており、特別な検査をする場合には、そちらに搬送して対応してもらうことになっています。

掲載した図6-2「一目でわかるフーフェラントハウスの多様性」をみるとわかるのですが、施設群の真ん中に大きな建物があります。そしてまわりに付属するようにさまざまな形で、たとえばリハビリテーションをするための場所であったり、医師が医学的な検査をする場所であったり、介護・看護の施設、それから状況によっては、病院に搬送できるような場所が随所に造られています。

5,000床のうち1,000床が空床

先ほど、現在フーフェラントハウスには、330人が在住していると述べました。つまり330床はあるわけです。現在は1人部屋ないしは2人部屋でなければならないという連邦保健省からの指示により、部屋の広さや環境を整えなければなりません。また、特別養護老人ホームと在宅介護エリアの建物にある130床には、ケアを必要としている人が入居しています。州によっては2人部屋は、すでに禁止になりつつあるために、フーフェラントハウスでも2018年以降、改めて見直すことを考えています。130床のままにするのか、またはそれ以下に減らすか、どちらでも対処できるように計画しています。また、疾病金庫からの支払いについても、病気や症状によって異なります。国でも給付額の変更が検討されているところです。それらを含めて、それぞれの状況に合う対応ができるように考えています。

現在、フランクフルトには45の介護施設が各団体によって設立されていて、それらの施設に5,000床くらい設けられています。しかし介護者が少ない、あるいは入居希望者が少ないなどの問題も実際にはあることから、入居希望のあるところとそうでないところの差がどうしても出てきてしまっているのが現状です。そのため約1,000床ほど空きベッドとなっており、フランクフルト（自治体）の問題と考えられています。

特養のフルタイム勤務者は 53 人

　たとえば、家族の世話を受けて同居生活している人で、家族が不在となる期間が生じた場合には、フーフェラントハウスがその間の対応を行います。それから自宅で暮らしたい人や、自身の希望をかなえてほしいという人もいます。その他、本人に病気の自覚はなかったとしても病院側が介護を必要と判断した場合には、その費用は健康保険が賄い、フーフェラントハウスの方で対応するようにしています。

　特別養護老人ホームで働いている勤務者の数は 53 人です。これはフルタイム従事者の数で、この他に短時間のお手伝いをしに来る人や、担当の人だけのケアをする人、時間帯で変わりますが、そういう人たちのサービスの種類は**表 6-2** の通りです。

　入居者の生活に必要なものは、最低限は施設の中に備えられています。ただし生活していく中で、今まで長年使用してきた家具がないとどうしても落ち着かないという年齢の人たちでもありますので、そういった場合には自身が使用していた家具を持ち込んで、それによって気を落ち着かせてもらうとか、馴染みのあるもので対応してもらうこともフーフェラントハウスでは行っています。

表 6-2　特別養護老人ホームのサービスの種類

Altenpflegeheim（特別養護老人ホーム）
130 Plätze（130 床）
Davon 10"Kurzzeitpflege"（そのうちの 10 は「短期介護」）
(d.h.für 28 Tage zur Entlastung von angehörigen, nach Krankenhaus)
（つまり、28 日間は、親族の安心のために病院に）
54 Eizelzimmer（54 部屋は個室）
76 Plätze in 2-bett Zimmern（2 人部屋は 76 室）
53 Vollzeitstellen（VK）in pflege und betreuung
（介護と看護のフルタイム勤務者は 53 人）

（出所）Markus Forner, *Herzlich willkommen im HUFELAND-HAUS*, 29.08.2017.（スライド 4）より筆者作成。

自分の生活を取り戻すためのケアの提供

　施設の高層階部分では高齢者だけではなく、18 歳から 65 歳までの身体障害の方（Bewohner sind zwischen 18 Und 65 Jahren）も、生活をしています。その入居の場所は眺めのいい所で、その人たちの環境を整えるという考え方があります。陽当たりが良く高いところから景色が見られる場所が良い影響を与えると判断して行っていることです。

　長期入院により身体機能の低下のリスクも考えられますが、そのためだけのリハビリテーションを提供しているのではなく、けがや事故・病気になってしまった以前の自分の生活を取り戻してもらうようなケアにも対応しています。ですから、ここはリハビリテーションの場だけではなく、必要に応じてリハビリテーションを行うことができる器具なども提供している、元の生活に戻すための訓練の場という意味合いもあり、さらには機能回復といった施設となっています。

　ここでの訓練をしているうちに、機能が回復し普段の生活に戻しても差し支えがないと判断され、また本人も元の生活の場に戻りたいと希望するようになることがあります。その場合に、元の生活の場に戻ったり、自分の家に帰り 1 人で生活ができるようになったりすることはスタッフにとって大きな喜びです。それを必要とする人には手助けします。それぞれの介助もフーフェラントハウスが提供していくサービスの 1 つになっています。

身体と精神に必要な機能回復を求めるリハビリ

　前述した 18 歳から 65 歳の身体障害の人であったり、入退院を繰り返してその後のケアを受けたりしている人が現在 27 人います。そしてフルタイムで働いてそれに従事している人が約 20 人いますので、スタッフは多いと思います。

　障害を持ってこちらに入所されている人たちには、障害の度合いが異なるので統一することはもちろんできませんが、さまざまなアクティビティやサービスを用意しています。単に車いすで移動するだけ、または、杖を使って移動するだけということではありません。機能回復運動訓練といったような観点から、それらの道具を貸与し

たり歩行補助器などを利用したりして、自分の機能が回復していることを本人に自覚させる方法を取ります。またその回復の度合いによっては、さらに介助して、一歩でも二歩でも歩いてもらうような状況をつくることで、本人に回復の向上を自覚してもらうことも必要なので、そういった対応をしています。

　日々の生活の一部をここで看ているわけですが、介護者と本人がどのような形で接しているか、たとえば常に手助けをするだけではなく、一緒に歩こうとするような意欲を求めるようなリハビリテーションの方法を提供したりもします。また身体障害だけではなく精神障害などには、普段の生活の中で必要な最低限の機能回復という考え方による介助をするなど、日々の生活の中でさまざまな事柄がそれぞれの人に応じて行われているのが、この建物の中でのサービスの特徴にもなっています。

それぞれの人たちが求めている環境をつくる

　たとえば見た目にも非常にひどい状況に見える女性がいたとします。話をするのもとても困難な人ですが、アルファベットの文字のプレートを持っていて文字を並べることで個人的な会話もできるようになり、何を求めているか、何をしたいかを表すことができます。それを見た人が、彼女の求めているものを提供する、そういったやり取りができるまでに彼女はなるわけです。

　たとえば、男性がハーモニカを吹いているとします。このハーモニカを吹けるのはもちろん彼が子どもの時に習ったものを今になってまた再現しているということです。人が集まった機会に、天気が良ければ外で、または施設の中で演奏したり話をしたり人が集まれる場所が設けられているので、提供しています。

　フーフェラントハウスの最終目的は、一人ひとりに応じた、それぞれの人たちが求めている環境をつくってあげることです。たとえば一緒に歩くことやその人に合った介助をすることなど、その人に合わせたケアをフーフェラントハウスのスタッフは研究して対応しています。

在宅介護の必要な90人を13人で担当

　フーフェラントハウスでしていることは、あくまでもその人の立場に立って、そしてその人が求めているサービスを提供することで本人に自信を持ってもらうこと、さらに自分が回復しているんだという自覚を持ってもらうことです。したがって、介助する人が初めは3〜4人であったのを回復の状態に合わせてどんどん減らしたり、また身体の右側が不自由な人にはどのように介助するとそれに対応することができるかなど、その状況に応じたケアを提供することを考えています。本人がそれを受け入れて対応してくれること、コミュニケーションの部分でのやり取りで必要と思われるものも含めて、それぞれの人に応じた対応をしています。

　現在、提供しているものの1つに、フーフェラントハウス側からそれぞれの家庭へ赴いて対応する在宅介護があります。現在13人のフルタイムの担当者が、在宅介護を必要としている約90人のところに赴いています。

　フランクフルトの街の東側に存在していることから、東側の地域全体を回っています。具体的に行っていることは、一緒に病院に同行するのは当たり前ですが、そのほか身体がどのような状況にあるのか確認するというようなこと、一般の生活の中での買い物の手伝いであったり、何を本人が必要として、それをケアできるかというような対策を考えることなどを、それぞれの担当が行っています。身体介護も行っています。たとえばベッドの角度であったり、ベッドがある場所の環境、陽当たりが良すぎるとか、ブラインドを付けるとかカーテンを付けるとか、そういった指示もそれぞれの家族と話して対応しています。

3.　理念とサービス提供

オリジナルな自分の生活を送れるようにする

　現在フランクフルト市内には、180の訪問介護・看護ステーションが存在し、それぞれのステーションが同じような目的の下に、地区ごとで活動しています。在宅介護・看護に行く場合でも、施設訪

問する場合でも、ほぼ同等の介護を行うのが現在のドイツの介護保険で、それが目的の1つにもなっています。

　ドイツでは、家族と一緒にいても自分一人だとしても自立した生活が送れるようにする考え方があります。それを目的として介護保険が考えだされたわけです。たとえば施設に入所しても、本人が希望する自宅で在宅介護・看護を受けていた時の環境をそれと同等かそれ以上につくることが、施設介護・看護であると考えています。ところが、政治家の考え方は実際の現場とは少し違います。たとえば、必要な器具すべてが整っている施設に通う方が良いと考えている人が残念ながらいます。しかし、フーフェラントハウスでは、在宅であろうが、施設介護・看護であろうが、同等のケアを受けられることが強みと考えています。

　しかも、一人ひとりに合わせオリジナルな生活を送ることが最も重要で、在宅か施設かの場所の問題ではなく、人の介助なしで生活できるような環境を整えてあげることも、目的の1つだと考えています。

デイケアは普段の生活を取り戻す手段

　デイケア（Tagespflege）へは、フーフェラントハウスに通いで来てもらいます。自宅からここまでの往復の送迎も含まれていて、フーフェラントハウスの名前が書いてある車がそれぞれの自宅まで迎えに行き、デイケアで運動機能の回復やケアを受けたりします。現在35人まで対応できるように準備されていますが、現状は15～20人くらいの利用にとどまっています。

　デイケアに通うには、介護を受ける本人の意思・意欲が必要ですから、これからどういうことをしなければならないかを、自分の中で意識し直すことになります。その上でフーフェラントハウスは、それぞれの人に対する準備をして普段の生活を取り戻すための手段をサービスとして提供しています。つまりフーフェラントハウスの介護は、本人の意思の確認と介護サービスとの2階層で構成されているのです。

　デイケアに通いで来てくれている人の世話をする人たちのグループの名前を、アルースブルダーエーグと称しています。アルースブ

ルダーエーグは、実際にフランクフルト市内にある飲み屋の名前ですが、それとは別に「身近な人たちが集まってくる場所」という意味でもあるので、その名前を付けています。その飲み屋を知っている人たちは、より親近感を覚える名前です。みんなの仲間に入っているという思いを持つことも目的の１つですし、それによって移動を拒否することなどが減っているのです。

　送迎車は低床のものや、段数が少なかったり、車椅子のまま乗り降りできたりする車もあるので、移乗がさほど苦にならず本人たちも少しずつ現場に慣れます。車での往復も含めて、現場で慣れるまでの道筋をつくるのもスタッフの仕事です。

住宅と配食サービス、そして薬を減らす

　３つ目の提供は、フーフェラントハウスが所有している住宅です。介護用品などが揃っている介護施設と考えればいいです。それがフーフェラントハウスの近辺にあって、たとえば食事を届けたり、またはそこに担当者が行って食事を提供したりします。そういったサービスもあります。

　アペティート（Appetito：食欲）という名前のケータリング会社では、配食するメニューもつくられています。日本の配食サービスと同じと考えればよいと思います。現在約30家庭にそのサービスが提供されています。

　フーフェラントハウスの建物は1973年につくられた古い建物から始まっているので、すべてがバリアフリーの建物・施設ではありません。2018年から新しい建物・施設をつくる計画があり、42部屋の施設を設け、新しくバリアフリーの施設をつくることを企画していました。

　フーフェラントハウスでは、本人の運動機能が回復し体が回復することによって、薬が減らせることを考えています。自宅からの通いの場合、リハビリテーションを通して、必要な機能や正しい姿勢などをフーフェラントハウスで利用者が学んで、それを自宅でも同じように行える環境を整えていくことも目的の１つです。そういった費用は、健康保険から給付されます。

室内プールと保育所

　フーフェラントハウスは、すでに 50 年ほど経過している建造物ですが、水深が 1.2 m の室内プールがあります。1 週間に 600 人くらいの利用者がいます。大人から子どもまで、機能回復のための水中での運動をいつでも自由にできるようになっています。こちらの施設はバリアフリーで整えられていて、プログラムもいろいろ準備されています。

　保育施設があるので 1964 年の開業当初から保育サービスも提供しています。現在 48 人の子どもが通っていて、そのうちの 24 人が 3 歳未満です。1 歳から 7 歳の入学前までの間、親が共働きであったり、就労時間帯が不規則であったりする子どもたちをここで保育します。ここで働いている人たちの子どもたちも 8 ～ 9 人いますが、主にフランクフルト市内東地区に住んでいる人たちの子どもたちを預かっています。

高齢者介護のための学校を 1977 年に設置

　フーフェラントハウスには、高齢者介護のための学校を、1977 年から設置しています。2 年制の学校で、現在約 140 人の生徒が勉学に励んでいます。ライン＝マイン地方 3) の周辺地域には約 60 カ所のさまざまなテラピーや理論を勉強できるところやステーションが分散しているのですが、フーフェラントハウスは、学んだことを実践に移すための場所としてもこの施設を提供しています。生徒たちが実践の経験ができる研修施設なのです。

　現在学校に通いながら、ここで働いている、あるいは実践している人が 12 人います。ここ以外の施設に赴いている人たちはもっといるのですが、ドイツでは座学と実習とをはっきり分けているので、実習課題によって行く場所が変わります。それから施設などに入職して、そこで担当を任されて仕事を始めることになります。

　ドイツでは、看護師と介護士はまったく別者で、自分の目指す職種に応じてそれぞれの勉強をします。フーフェラントハウスの学校は高齢者介護なので、高齢者の世話に関するさまざまなテクニックと実践・実技を学んで、それぞれの場所で生かしていくことができます。

自治体、疾病金庫と介護金庫の役割

　特別養護老人ホームと介護施設の住居費用は、介護保険の適用範囲になっているのでしょうか。フーフェラントハウスに入所するときの費用は、介護保険で賄える範囲が決まっており、賄える範囲を超えた場合には個人で払う部分も発生してきます。しかし自治体、ここではフランクフルト市がそれを補填するような形で、フーフェラントハウスに支払われます。

　身体障害者の人たちの費用については、医療に関することなのでクランケンカッセ（疾病金庫）から給付されます。医療にかかわる部分、薬や機能回復のような部分は介護保険ではなく健康保険が対応しています。ドイツでは介護保険と健康保険の範囲は分かれていて、医療にかかる費用は健康保険です。薬の費用も一部個人負担がありますが、健康保険から給付されます。介護については、介護認定を受けた場合は支払われますが、申請の結果は介護金庫に委ねなければなりません。もし個人負担が発生していれば、自治体が支払う部分（ソーシャルセキュリティ）も存在していることになります。

自治体から援助を受けている人は約30%

　ソーシャルセキュリティを受け取る人は何%くらいいるのでしょうか。フーフェラントハウスでは、自治体から援助を受けている人は30%程度です。介護保険は、年齢や症状に応じて認定され給付されますが、たとえばお金のある人が介護施設に入所する場合は、初めは個人負担がありますが、手持ちのお金が減っていく場合、本人・家族が自発的に市にソーシャルセキュリティを求め、市側がそれを審査し認証します。申し込まれた都度そのパーセンテージが変わってきます。現在ドイツで行われている仕組みです。

　なお、7割の人は介護保険からはみ出た部分を払える人だということです。ここに入居されている人のうち、最も長い人で30年くらい住んでいますが、初めは自己負担分が多かったものの、市に申請を繰り返すことで、その分は自治体の援助を受けることができるわけです。働くことができなくなったり家族がいなくなったりと、理由はさまざまですが支援を受けることができる仕組みが作られていますので、入居者は、それぞれ生活をしていけるということです。

入居費用は決して高くはない

　入居費用は2人部屋の場合、1部屋は16〜20㎡で一般のアパートより低額です。たとえば個人的に介護保険から支払われる額が3,000〜4,000ユーロ／年と考えた場合に、だいたい1日100ユーロくらいになります。その金額ではフランクフルト市内のホテルに泊まった場合にベッドが提供されて朝食しか付きません。しかし、ここに入居した場合はベッドがあって、必要であれば電話やテレビもあって、さらに朝昼晩の3食の食事と介護が付きます。どちらが安いかは、わかると思います。

　たとえば、高齢になって長期間の船旅などをした場合、船の中は決してこういった施設が整っているわけでもなく、金額も普通に住んでいる5倍も6倍も払わなければなりません。そういった金額的な比較をすると、ここの入居費は決して高いものではないと考えられるでしょう。

入居費と自治体からの補助

　私たちは、施設内を見学し、最後に食事を取るために食堂に行きました。その入口に、老人ホームの料金表が置いてありました（**表6-3、表6-4**）。入居者の支払額をみてみましょう。

　それぞれの介護のカテゴリーによって違いますが、月単位の料金表です。オプションの部分は、この料金にプラスして、部屋に入居している人が合算して最終的に支払う金額になります。

　表6-3は、老人ホームの2017年1月1日からの月額法定料金表です。介護度1から5までの介護費用はそれぞれ違いますが、訓練手当、住居費用、食事費用、投資費用は介護度に関係なく同じ金額です。福利厚生基金は自治体からの補助です。したがって、1カ月の住居費用から福利厚生基金を引いた金額が本人支払額となります。

　介護度順にみていくと、介護度1は2731.44€（335,148円）、介護度2は2464.86€（302,438円）、介護度3は2465.06€（302,463円）、介護度4は2464.94€（302,448円）、介護度5は2464.91€（302,444円）です。この老人ホームでは、約30万円から33万5,000円が本人支払額ということになります。

　同じ要領で短期介護の料金表の**表6-4**をみてみます。介護度順

表 6-3　Altenpflegeheim APH（老人ホーム APH）
Entgeltsätze vollstatonär ab 01.01.2017（2017 年 1 月 1 日からの法定料金）

	単価	30.42Tage（30.42 日）	Leistung Pflegekasse（福利厚生基金）	Eigenanteil（本人支払額）
Pflegegrad 1	44.10€			
（介護度 1）	（5,411 円）			
Ausbildung Vergütung	0.30€			
（訓練手当）	（37 円）			
Unterkunft	15.11€			
（住居）	（1,854 円）			
Verpflegumg	10.08€			
（食事）	（1,237 円）			
Investitionskosten	24.31€			
（投資費用）	（2,983 円）			
	93.90€	2856.44€	125.00€	2731.44€
	（11,522 円）	（350,485 円）	（15,338 円）	（335,148 円）
Pflegegrad 2	56.54€			
（介護度 2）	（6,937 円）			
Ausbildung Vergütung	0.30€			
（訓練手当）	（37 円）			
Unterkunft	15.11€			
（住居）	（1,854 円）			
Verpflegumg	10.08€			
（食事）	（1,237 円）			
Investitionskosten	24.31€			
（投資費用）	（2,983 円）			
	106.34€	3234.86€	770.00€	2464.86€
	（13,048 円）	（396,917 円）	（94,479 円）	（302,438 円）
Pflegegrad 3	72.72€			
（介護度 3）	（8,923 円）			
Ausbildung Vergütung	0.30€			
（訓練手当）	（37 円）			
Unterkunft	15.11€			
（住居）	（1,854 円）			
Verpflegumg	10.08€			

（食事）	（1,237 円）			
Investitionskosten	24.31€			
（投資費用）	（2,983 円）			
	122.52€	3727.06€	1262.00€	2465.06€
	（15,033 円）	（457,310 円）	（154,847 円）	（302,463 円）
Pflegegrad 4	89.58€			
（介護度 4）	（10,991 円）			
Ausbildung Vergütung	0.30€			
（訓練手当）	（37 円）			
Unterkunft	15.11€			
（住居）	（1,854 円）			
Verpflegumg	10.08€			
（食事）	（1,237 円）			
Investitionskosten	24.31€			
（投資費用）	（2,983 円）			
	139.38€	4239.94€	1775.00€	2464.94€
	（17,102 円）	（520,241 円）	（217,793 円）	（302,448 円）
Pflegegrad 5	97.14€			
（介護度 5）	（11,919 円）			
Ausbildung Vergütung	0.30€			
（訓練手当）	（37 円）			
Unterkunft	15.11€			
（住居）	（1,854 円）			
Verpflegumg	10.08€			
（食事）	（1,237 円）			
Investitionskosten	24.31€			
（投資費用）	（2,983 円）			
	146.94€	4469.91€	2005.00€	2464.91€
	（18,030 円）	（548,458 円）	（246,014 円）	（302,444 円）

注 1)「ユーロ対円相場（仲値）一覧表」をもとに、2017 年 1 月 1 日の相場（1 ユーロ = 122.70 円）で計算。
注 2) 日本円は、小数点第 1 位を切り上げ処理で表記。
注 3) Investitionskosten は、直訳では「投資費用」だが、日本的な考えとしては「施設維持費」または「共益費」「管理費」のようなものと推測される。
出所）フーフェラントハウスより資料提供。

表 6-4　Altenpflegeheim APH（老人ホーム APH）：**短期介護**
Entgeltsätze Kuzzeitpflege ab 01.01.2017（2017 年 1 月 1 日からの短期介護の料金）

	単価	28Tage （30.42 日）	Leistung Pflegekasse （福利厚生基金）	Eigenanteil （本人支払額）
Pflegegrad 1 （介護度 1）	36.13€ （4,433 円）			
Ausbildungvergütung （訓練手当）	0.30€ （37 円）			
Unterkunft （住居）	15.11€ （1,854 円）			
Verpflegumg （食事）	10.08€ （1,237 円）			
Investitionskosten （投資費用）	24.31€ （2,983 円）			
	85.83€ （10,531 円）	2403.24€ （294,878 円）	0.00€ （0 円）	2403.24€ （294,878 円）
Pflegegrad 2 （介護度 2）	51.61€ （6,333 円）			
Ausbildungvergütung （訓練手当）	0.30€ （37 円）			
Unterkunft （住居）	15.11€ （1,854 円）			
Verpflegumg （食事）	10.08€ （1,237 円）			
Investitionskosten （投資費用）	24.31€ （2,983 円）			
	101.31€ （12,431 円）	2836.68€ （348,061 円）	1453.48€ （178,342 円） （1612€/31tg）	1383.20€ （169,719 円）
Pflegegrad 3 （介護度 3）	77.42€ （9,499 円）			
Ausbildungvergütung （訓練手当）	0.30€ （37 円）			
Unterkunft	15.11€			

167

（住居）	（1,854 円）			
Verpflegumg	10.08€			
（食事）	（1,237 円）			
Investitionskosten	24.31€			
（投資費用）	（2,983 円）			
	127.12€	3559.36€	1612.00€	1947.36€
	（15,598 円）	（436,733 円）	（197,792 円）	（238,941 円）
Pflegegrad 4	98.06€			
（介護度 4）	（12,032 円）			
Ausbildungvergütung	0.30€			
（訓練手当）	（37 円）			
Unterkunft	15.11€			
（住居）	（1,854 円）			
Verpflegumg	10.08€			
（食事）	（1,237 円）			
Investitionskosten	24.31€			
（投資費用）	（2,983 円）			
	147.76€	4137.28€	1612.00€	2528.28€
	（18,130 円）	（507,644 円）	（197,792 円）	（310,220 円）
Pflegegrad 5	108.38€			
（介護度 5）	（13,298 円）			
Ausbildungvergütung	0.30€			
（訓練手当）	（37 円）			
Unterkunft	15.11€			
（住居）	（1,854 円）			
Verpflegumg	10.08€			
（食事）	（1,237 円）			
Investitionskosten	24.31€			
（投資費用）	（2,983 円）			
	158.08€	4426.24€	1612.00€	2814.24€
	（19,396 円）	（543,100 円）	（197,792 円）	（345,307 円）

注 1）「ユーロ対円相場（仲値）一覧表」をもとに、2017 年 1 月 1 日の相場（1 ユーロ = 122.70 円）で計算。
注 2）日本円は、小数点第 1 位を切り上げ処理で表記。
注 3）Investitionskosten は、直訳では「投資費用」だが、日本的な考えとしては「施設維持費」または「共益費」「管理費」のようなものと推測される。
（出所）フーフェラントハウスより資料提供。

に 2403.24€（294,878 円）、1383.20€（169,719 円）、1947.36€（238,941
円）、2528.28€（310,220 円）、2814.24€（345,307 円）となりますから、
17 万円弱から 34.5 万円が短期介護の場合の料金です。

　1 ユーロの円相場の変動にもよりますが、日本の有料老人ホーム
よりは安いと思います。

　重要なのは、自治体からの補助金です。表 6-3 をもう一度みると、
介護度順に 125.00€（15,338 円）、770.00€（94,479 円）、1262.00€
（154,847 円）、1775.00€（217,793 円）、2005.00€（246,014 円）であり、
1 万 5,000 円から 25 万円弱の補助金があります。これがなければ介
護度 4 では 52 万円、介護度 5 は 55 万円弱ですから、日本とはかな
り違い、自治体からの補助金の役割が大きいことがわかります。

　短期介護でも、介護度 2 では 1453.48€（178,342 円）、介護度 3
は 1612.00€（197,792 円）、介護度 4 は 1612.00€（197,792 円）、介
護度 5 は 1612.00€（197,792 円）と自治体からの補助が 18 万円弱
から 20 万円弱まであるので、この場合でも、補助金が非常に大き
いことがわかります。

フーフェラントハウスはディアコニーの一部

　フーフェラントハウスは、入所して介護を受けている人、機能回
復訓練や在宅介護・看護を受けている人、デイケアに通っている人、
そして子どもたちを預けて仕事をしている人がいて、さらに学生が
勉強して実習をしている場所です。フーフェラントハウスは、1 つ
の組織として考えられていて、それがドイツ国内のさまざまなとこ
ろに点在しています。そのため、新しく何かを始めるときには、政
治的な支障があったり、対話が必要だったりします。また、連盟と
いう 1 つの組織の中でお互いに自分たちの場所の必要性や重要性に
対応した考えの下、話し合わなければならないので、自分たちの一
存では動くことができません。そういった中でも 1 つの核となる場
所として、これまでの複雑な経過を経た中で、現在の組織として動
いているのです。

4. 高齢者は何を望みどう支援するか

写真6-4　説明するペトラ・エンゼロースさん

「私は2001年からフーフェラントハウスで働き、2005年から高齢者介護を担当しています。その中で、私が新しく従事していることをお話しさせていただきます」と、ペトラ・エンゼロース（Petra Enseroth）さん（**写真6-4**）は述べました。

高齢者一人ひとりに合わせて手を差し伸べる

「歳を取ってから必要とされること」を、エンゼロースさんはプログラムとして考え、それを2005年から研究し、実際の仕事の現場で試みてきました。エンゼロースさん自身が研究を通してかかわってきた介護施設と高齢者施設で暮らしてきた27人の高齢者が、「どんな状況の中で生活し、どんなことを望んでいるか」、「どのようなことに手を差し伸べたらいいか」に注目して、いろいろ試みてきたそうです。中には、手を差し伸べても「必要ありません」という人もいますし、逆に、「こうしてくれ、ああしてくれ」とエンゼロースさんが対応できないにもかかわらず要求してくる人もいます。一人ひとりの環境に応じて手を差し伸べる必要があることをエンゼロースさんは学びました。

こういった介護施設で生活するための衣服は、以前は運動着のような作業着のようなものでした。介護保険ではなく寄付で賄われていたからです。今では介護保険がその分を負担するようになったので、その場や状況に応じて対応できるようになっています。このように変化したのは、研究結果を政治的なところに持っていったからだと考えています。

フーフェラントハウスで実際に介護に従事している人たちは、専門分野の教育を受けている専門職と、自発的な手伝いから始めて従事している人の2つの経緯を持っています。その人たちが一緒にな

って仕事をすることで、「どんなことがお互いに共感できるか、どんな相互作用を持つことができるか」を考えながら対象者に接することができるのです。

　たとえば短期間で検証して高齢者一人ひとりに合わせた対応をいくつか実践してみて、その人に一番良いと思われることを担当者に学んでもらい介護を行っています。

　その高齢者の生き方と生活を、お互いの相互作用の中で学んでいるのです。けれども時には、汚物の処理や清掃をまったく気にしない人に対して、本人の意思に反して行わなければならない場合も当然出てきます。そのようなときに、清掃が必要なことを理解してもらいながら生活の手助けをしていくことは、介護者としても勉強になります。接し方によって良い環境が生まれ、お互いの理解が深まっていくからです。介護をしている人とされている人のお互いの理解度が増していくことで密接な関係をつくれることを、エンゼロースさんは実際に体験しました。

　フーフェラントハウスで介護に従事しようとする人は、初めに、最低でも3日以上フーフェラントハウスの介護を学ばなければなりません。その後に、現場に出るのです。

　高齢者一人ひとりにはその人の状態に応じて介護のテーマがあります。そのテーマを掲げた後に、自分たちが担当する高齢者の方の情報交換を行い仕事を始めるのです。実際に住まわれているところで、その人がどういう立場にいるか確認します。たとえば普段から孤立しているとか、話好きであるとか、演奏したり人の前に出たりすることが好きだとか、その人の個性を把握します。それに応じて担当する高齢者との距離を縮めていけるように、介護や手助けをする時の方法を見出すことを介護チームで考えています。

従事者全員の経験が新たな発見を導き良い介護につながる

　ドイツで介護保険が導入され20年以上経過しました。これまで、高齢者に何か問題が発生した時には、1人の意見だけではなく、それぞれが経験した体験や意見を持ち寄って解決策を見出すようにしてきました。高齢者の問題により早く対処できる方法として、ドイツで確立されつつあります。最終的に施設に従事している人たち全

171

員の経験や意見が、介護保険制度を利用する高齢者に新たなサービスを導けると考えています。

　これには終わりがありません。常に新しい問題が発生し、そして新しく体験することが数多くあるからです。それによって、自分の知識、対応、考えがある程度確立できますし、新しい人を育てるときの1つの目安にもなるからです。エンゼロースさんは、そう考えて現在の仕事を続けています。

　フーフェラントハウスの真ん中の建物の1階に、介護度が重度の人約12人が現在住んでいます。2012年から業務の改革を行った結果、1人の居住者に対して介護者2人で看る形が確立されました。現在では23人まで対応できるようになりました。

　介護チームを作って対応していますが、同レベルの人同士がチームを組むことがいつもできるわけではありません。たとえば1人の人がいくつもチームを掛け持ちしなければならなかったり、ドイツではベッドウエアといいますが、いくつもの部屋、何人もの人を担当しなければならなかったりするのです。チームを作ったからといって、すべてを解決することはできてはいません。

　しかしながら介護者のお互いの知識を有効活用するという意味では新たな発見につながるので、自分の経験として持ち寄ってもらうことになり、より良いサービス、より良い介護ができてきていると、エンゼロースさんは感じています。

　2階には高齢の認知症の人が入居しています。35人まで入居できるように、現在研修中の人たちを含めて指導しています。そこでは、どうしても人手が足りないということが出てきます。というのは、ドイツでは1週間で40時間までしか働けないという労働基準規則があって、その中ですべてを賄うことは残念ながら不可能なのです。ハーフタイム（半日）で対応してくれる人がいたり、高齢者個人で対応してくれる人も労働力として必要とされていることも事実です。

　2週ごとに勤務時間を変更しています。たとえば、ハーフタイムの人が次の週だけは常勤者として（あるいはフルタイム）いたりとフレキシブルな働きをしています。

　認知症で入居している人たちは、アームバンドやアラーム付きネームカードを着けていて、施設の扉は、入居者が出たことを確認

172

できる追跡システムになっています。たとえば買い物に出た、食事
に出たというときにも、それぞれの担当者がGPSで把握できるシ
ステムがこの建物の中では確立されています。

　軽度の人たちには、「天気がいいから外に出ましょう」と声をか
けたとき、担当者が扉を開けて必ず目視をして人数を確認し管理し
ています。1人ずつ担当者が付かなければならないような人には、
庭に出るときにもマンツーマンで対応します。

　また、暗さによって恐怖感を覚えるとか、採光の角度によって恐
怖を覚えるとかで生活感が変わってしまうという人もいるので、特
別な灯りの点け方をするところもあります。それによって、施設内
で恐怖感を味わうことのない生活ができるようにしています。

かかりつけの医師とのコミュニケーションが大事

　現在、フーフェラントハウスでは6人の医師が対応してくれてい
ます。ドイツの場合、家の近所でかかりつけの医師を探しておかな
ければなりません。日本では病院に行けば診察を受けることができ
ますが、ドイツの場合はかかりつけ医からの紹介状がない限り診察
が行われないからです。しかし緊急の場合は別です。ドイツではか
かりつけ医が非常に重要視されています。ここを訪問してくれるか
どうかは、かかりつけ医によって異なります。場合によっては他の
医師と連絡を取って、来てもらうなどの方法もあります。

　薬を調達する場合にも、医師の処方箋が必要ですし、整形外科に
行くとか歩行訓練を受けるなども、すべてかかりつけ医から健康保
険が賄う部分について申請されるので、医師とのコミュニケーショ
ンが非常に重要になってきます。

　さらに搬送する場合にも、特別に熟知した人を頼らなければなら
ない状況が発生することがあります。たとえば車の中で動いたり窓
から飛び降りるそぶりを見せたり、その症状と状況に応じて対応が
異なるからです。そういった時に、熟知している人に話をつけるの
もかかりつけ医なのです。

日常生活でどのようなことが行われているか

　個人負担をいかに軽減するかといった問題があります。搬送費用

を割引してもらうこともあります。薬の種類の部分でコスト削減するには、それぞれの製薬会社から提供されている知識を得ることや、かかりつけ医との連携が必要だと考えています。

　現在フーフェラントハウスに住んでいる人に対して、日常生活で行われていることのリストがあります（表6-5）。たとえば食事のときの介助や、買い物に同行することも含め、いろいろなシチュエーションに応じてさまざまなことが行われています。また、口の動きだけでは言葉が相手に伝わらないときには代弁するとか、耳のそばで話さないと伝わらないときは耳のそばで話す、わかりづらい発音を介助するなどの仕事もあります。さらに、指先を動かしたり、マッサージをしたりする仕事もあります。

　6の入浴介助に関しては、ベッドから起こして建物の中を歩く、外に出る、太陽を浴びる、その流れで清拭を行います。その間に別の担当者がベッドメーキングをするのです。このように一連の作業をする中で体のさまざまな部分を動かすようにして、少なくとも週に1回は行うことを決めています。

　グループで対応することの1つに礼拝があります。約45分間の礼拝に静かに参加できるかどうかも人によって違います。

表6-5　日常生活でどのようなことが行われているか

1. 平常のお手伝い。たとえば食事の介助と買い物です。
2. どのようなことを望んでいるか、に応じての対応。たとえば「一緒に散歩をしてほしい」に対して、「天気がいいから外に出ましょうか」ということを意見として述べたり、車いすを押したりする、腕を貸して杖がわりになってあげたりする、またどこかに座りましょうと簡易の椅子を持ち歩き対応したりします。
3. どういったことがこの人にとって必要か。時間であったり距離であったり、残されている資料によって、シミュレーションをつくり提供します。さらに、言葉上のやり取りの仲介になることをします。それから会話の間に入るなどです。
4. 読んで聞かせるなどの介助が必要であったり、遊びの中で機能回復、機能訓練をしたりします。
5. ベッドの上でずっと上を向いているだけではなく、横向きになるとか、向きを変えてあげる手助けをするなどです。
6. お風呂に入る時の手伝いであったり、体を起こすときの手伝いをしたりするなど、そのときの病状や状態に応じて回数は決まってきますが、少なくとも週に1回そういったことを行うことが考えられています。

（出所）エンゼロースさんの説明から作成。

　たとえば讃美歌を歌っている最中に突然大声をあげたり、一曲弾いている間に声を荒げてしまったり、そういったことがないわけではありません。スピリチュアルな部分で本人の意識が高まってそうなることがあります。そのようなときにはマンツーマンの対応を考えます。一人ひとりの環境を常に整えておいて、いつもの日常と変わったことで本人に影響がないように、状況に応じた配慮をしなければなりません。

　それから、犬を飼っていた人には外から犬を連れてきたり、音楽を聴いてもらえるように簡単なコンサートをしたりもします。それを月に1回くらいの頻度で行うことも考えています。年4回、みんなで一緒に遠足をしたりもします。このようにして気分転換をしてもらうことも行っています。

　さらに、月に1回、入居者がどういう悩みを抱えているか話ができるように相談員の人たちに来てもらっています。相談員でなければ言えない部分をカウンセリングという形で話をする機会も設けたりしています。

さまざまな勉強会を開催

　ユーモアであったり、音楽であったり、環境であったり、犬などの動物による癒しであったり、入居者によって環境の変化が影響することもあるので、それらのことも考えて対応をしています。

　さらに、薬を使わなければならない症状の人たちもいるので、その人たちのために、興味のあるスタッフが集まって勉強会をしています。

　セクションの違う人たちが集まって、それぞれの話を聞くことで、新たな解決策が見つかったり、知識の向上にもつながったりします。そういった中で、専門外のことについてもお互いに話し合いができるように会を開くこともしています。それにより、働く側の精神的な安定を得ることもできると考えていますし、新たな発見や開発、そして自分のやり方の研究材料になったりする機会と考えて行っています。

チームカルチャー

　ここをより住みやすい環境にするためには、いろいろな人の意見を聞き、お互いの意思の疎通を図っていくことが大切です。それから入居者と最期のお別れをしなければならなくなったときの対応や準備も大事です。その人の一生の中でのさまざまなトピックスを取り上げて、それを伝えていくことも大切です。この施設の中では1960年代から50年以上、多くの人が働いてきました。チームの中で培われてきた記録を準備段階から活用してより良い結果を生み出せる方向を見出すことも、今後の課題として取り上げられています。新しい人が次々と入ってくるときに、昔ながらの保守的な考え方だけでは決して成り立たないこともあります。新しい人の意見を聞くのと同時に、こういった対応をしてきたんだということを情報交換して、意思の疎通を図り、症状に合った対応を進めていく考え方を、チームカルチャーと呼んでいます。

　フーフェラントハウスの平均入所期間は、体が健康で自分で動ける人たちは5〜6年くらいですが、体の自由が利かなくなってしまった人たちは短ければ1年、または1年未満の人もいます。

　フランクフルト市の支援を受けて施設運営をしている上では、これまで述べてきたような状況にあります。しかし、それにプラスして他の支援方法であったり、何か政治的な会合が行われたり、より新たな対応やより新たな情報の下で、施設の運営ができるようになったりすれば、改革が行われて、ここでの新たな活動も考えられるわけです。

　1日だけの「体験入居」のような人が1日ですべてを経験することも、スタッフがそれに対応することもできません。時間があればそれだけの介助方法であったり手助けの方法であったり、その人に合わせた支援方法を確立することができます。たとえば金銭的なことや、家族の支援については、一人ひとり異なるので一概に「こういうやり方しかない」ということはもちろんありません。それ以上に金銭的な支援で必要不可欠な部分があるのです。それは政治的な部分ですが、話をし続けなければならないと考えているとのことです。

5.　施設内の視察

入居者のスペース

　私たちは、フーフェラントハウスの中を案内してもらいました。雰囲気はドイツの病院によく似たタイプのつくりです。向かって右が入居者の部屋になっていて、南側のガーデンに向いています。窓も大きく作られており、2階でも外の様子がよくわかるようになっていました。その反対側は話をしたり入居者に対処したりするための部屋などがあります（**写真 6-5**）。

　入居者の部屋は原則的に1人部屋ですが、2人部屋もあります。いろいろな問題が生じてきている状況であり、改善しなければならないことが多いそうです。

　入居中のシュミットさん（**写真 6-6**）の部屋のドア横の壁には「103　Herr Schmitt」と書かれた額縁が掲げられていました。頻繁に家族が訪ねてくるわけではないそうですが、家族と一緒に撮った写真が2枚貼り付けてあります。音楽グループが訪ねてくれたときの写真も貼ってありました（**写真 6-7**）。廊下には、スタッフの写真もありました（**写真 6-8**）。

　次にベッカーさんの部屋の中を少し見せてもらいました。ここにも写真が2枚貼り付けてある「105　Frau Becker」（miss Becker）と書かれた額縁が掲げられていました。ベッドとテーブル、そしてテレビなどが備わった個室は、きれいに片付いていました（**写真 6-9**）。窓が大きく、陽が差してきます。

写真 6-5　廊下を挟んで右側が部屋

写真 6-6　シュミットさんの部屋の表示

写真 6-7　音楽グループが訪ねてきたときの写真

写真 6-8　スタッフの写真

写真 6-9　ベッドとテーブル

認知症の人のフロア

　私たちは移動の途中に高齢の女性に会いました。「ヤパン（日本）」と言って話しかけてきました。彼女は子どもに戻ってしまったようです。

　ここは認知症の人のためのフロアです。認知症の人に対応して長い廊下は造っていませんでした。色がカラフルだったり、建物自体が認知症の人にとても良いようにできていたりします。

　24名の居住する別のユニットも見学しました。ここも認知症の人のフロアでした（写真6-10）。

一人ひとりの気持ちを大切に

　食事は入居者一人ひとりにじゃがいもを食べるか食べないかなどを聞いて、チョイスしても

写真 6-10　認知症の人のフロア

らってから盛り付けるそうです
（写真 6-11）。

　以前、薄暗い壁だったところは
1990 年に改装して明るくしまし
た。この 50 年間、いろいろなチ
ェンジとチャレンジをしてきまし
た。施設内の移動途中、スポーツ
ティーチャーの女性と会いました。
彼女はエクササイズのトレーニン
グを指導しています。

写真 6-11　食事の盛り付け

　夫婦で入居する人もたまにいますが、夫婦で一緒にいるのが嫌で、
1 人部屋に入る人もいます。これはどこの国でもよくある話です。
特に妻の方は、「もう 50 年もあなたのケアをしてきたのだから、私
もひとりで居たい」と言っているそうです。日本でもこういった
ケースはよくあります。ドイツではグループホームは少ないのでし
ょうか。ドイツではないことはないけれどもあまり多くはないです。

中庭

　私たちは、セラピールームを通
り、中庭に出ました。写真ではよ
くわかりませんが、桜の木が真ん
中に植樹されていました（写真
6-12）。

　車いすの人が自由に移動できる
ように、スロープの建設を考えて
いるところでした。私たちは研修
中の人たちが勉強している場所を
見ながら、さらに移動しました。

写真 6-12　中庭：左の建物が居室で、南
側はガーデン

バー

　元来の彼らの生活を重視しているので、ドイツの飲み屋のつくり
になっています（写真 6-13）。ここではビールやリンゴ酒が飲め
て、それから周りにあるのはフランクフルトのサッカーチームのワ

ッペンだったりユニフォームだったりです（**写真6-14**）。昔の自分の思い出の場所をつくりだすことで、回想する環境をつくりだす場所になります。

　バーには猫もいます。ドイツでは犬は家族とみなし一緒に電車に乗ることもできます。ホテルにもいましたし、デパートにもいました。入居者の中にも犬を持ち込む人もいますが、猫小屋や犬小屋のようなものがあり、そこに会いに行くことで共同生活をしているような気持ちで過ごせるようにしてあります。部屋の中には一緒に入れません。それは衛生上の問題からです。施設の中では他の人に影響するからです。

　「Fraport」は、フランクフルトのサッカーチーム名です。実はそこのファンクラブが施設の中にあって、ユニフォームが飾ってありました。ナショナルチームのユニフォームもありました（**写真6-15**）。寄贈されたものがこういった形で残されています。

　施設の中に住んでいる人は招待を受けて年間14試合まで試合を見に行くことができるそうです。

写真6-13　バー

写真6-14　各サッカーチームのユニフォーム

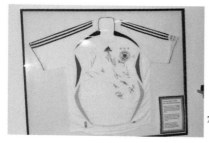

写真6-15　ナショナルチームのユニフォーム

言語療法と作業療法

　移動すると、あごの筋肉や口の動きを鍛える言語療法の部屋があ
りました。スピーチセラピーです。その次の部屋は作業療法室でし
た。

　写真6-16は、作業療法室とその道具です。のこぎりなどが見え
ますが、木を切ったりものを運んだりするセラピーをここではして
います。作業台や木材置き場もあって本格的です（写真6-17、写
真6-18）。

　ここには実際に作業途中のものがいっぱい置いてありました（写
真6-19）。1年に1回だけ、この建物の開放日として誰でも建物の
中に入ってこられる日を設けていて、そのときに販売したり寄付し
たりできるようにしています。

　作業をしている間に、実際にお互いの会話の中で言語セラピーを
します。それから実際に作業をする時に、教えたり教えられたりす
ることで、お互いが学んでいく方法がとられています。だから細か
い作業が多かったりする一方、後ろの方には大きなのこぎりもあっ

写真6-16　作業道具

写真6-17　作業台

写真6-18　木材置き場

写真6-19　作りかけの作品

たりします。そういうものを利用して作業するときにも、お互いの
やり取りの中で会話をすることで、機能障害の回復につながってい
きます。私たちの見学中に、入居者の女性が来て、ちょうど作業を
始めるところでした。私たちは上の階に移動しました。

礼拝堂

　正面が礼拝堂です（**写真6-20**）。ここは音楽を演奏するときに
も使います。毎週日曜日はもちろん礼拝をしています。椅子が両側
に寄せられているのは車いすの人が真ん中でお祈りできるスペース
になっているためです。

　フーフェラントハウスは、ディアコニーの宗教法人立です。ここ
では毎週水曜日にカトリックのお祈りをするミサを行って、日曜日
にはプロテスタントの礼拝を行う形で準備をしています。ヘッセン
州はプロテスタントの州ですが、それぞれ宗教が異なりますので、
洗礼を受けた時にカトリックの人もいます。一人ひとりの宗教を尊
重して、それぞれが礼拝を選んで参加できるシステムになっていま
す。あくまでも自発的にそれぞれの礼拝に参加してもらうような考
え方を持っています。「こういう礼拝を行っているのでよろしけれ
ばどうぞ」という提供であるということが非常に重要だと考えられ
ています。

　礼拝堂の斜め前には小さな机が置かれていました（**写真6-21**）。
この場所は、お別れのための準備をする場所で、この施設で亡くな
った人のために、職員がお別れのセレモニーを準備して、お別れで

写真6-20　礼拝堂

写真6-21　お別れの場

きる場所になっています。

食堂

　食堂に移動途中に美容室もありました（**写真6-22**）。食堂に移動すると（**写真6-23**）、昼食のサンドイッチがテーブルに用意され、トレーにデザート、サラダなどをとって食べられるように準備されていました。建物の駐車場には、訪問用の車が置いてありました（**写真6-24**）。

　食事の後、午後にはフランクフルト空港から空路でミュンヘンに移動しました。55分のフライトでした。

写真6-22　美容室

写真6-23　食堂

写真6-24　訪問用の車両

注

1）ロスチャイルド家（Rothschild、「ロスチャイルド」は英語読み。ドイツ語読みは「ロートシルト」。フランス語読みは「ロチルド」。）は、ヨーロッパの財閥、貴族。門閥として名高く、ロマノフ家とは Hubert de Monbrison（1892 年 8 月 15 日 – 1981 年 4 月 14 日）の三度にわたる結婚を介して家族関係にあります。また、ベアリング家ともギネス家を介してやはり家族関係にあります。モルガン家やゴールドシュミット・ファミリーとも親密であり、1001 クラブ等の広範なビジネスコネクションを持ちます。アメリカについては、ウィルバー・ロスやフィデリティ・インベストメンツと、実業家時代のドナルド・トランプを支援しました。

2）クリストフ・ヴィルヘルム・フーフェラント（Christoph Wilhelm Hufeland、1762 年 8 月 12 日 - 1836 年 8 月 25 日）は、ドイツの医師。そのドイツ語の著書『医学全書』（Vollständige Darstellung der medicinischen Kräfte）は、緒方洪庵がオランダ語訳から重訳する形で日本語に抄訳した『扶氏経験遺訓』として出版され、幕末の日本の医学に大きな影響を与えました。

3）第 5 章注 4 参照。

文献

Hufeland, Christoph Wilhelm（1762–1836）（https://androom.home.xs4all.nl/biography/p024246.htm）.

Hufeland-Haus（https://www.hufeland-haus.de/）.

Hufeland-Haus , Hufeland-Haus…mehr als Sie glauben!, 07, 2013.

Hufeland-Haus , Hufeland Spiegel, Nr.73, 25. Jahrgang.2017.

Markus Forner, *Herzlich willkommen im HUFELAND-HAUS*, 29.08.2017.

Seckbach（https://frankfurt.de/de-de/frankfurt-entdecken-und-erleben/stadtportrait/stadtteile/seckbach）.

ロスチャイルド家公式サイト（http://www.rothschild.info/en/home/）.

第7章 ソーシャルステーション・ベルグアムライム・ウント・トゥルーディング非営利有限会社

（バイエルン州・ミュンヘン）

ゾチアルスタチオンの外観

1. ソーシャルステーションの創設

　2017年9月1日は、ミュンヘン市内のゾチアルスタチオン（ソーシャルステーション）を訪問しました（写真7-1）。このソーシャルステーションは、バイエルン州で一番大きくて一番古い施設です。私たちを出迎えてくれたのは、1970年からずっと活動を続けてきており2003年から理事長をしているゲルハルト・クルーグ（Gerhard Krug）さんと、マネジャーのアレキサンダー・グラース（Alexander Glas）さんでした（写真7-2）。最初に、ゲルハルト・クルーグ理事長から説明を受けました。

写真 7-1　ソーシャルステーションの入
　　　　り口

写真 7-2　理事長のゲルハルト・クルーグ
氏（右）とマネジャーのアレキサンダー・
グラース氏

ソーシャルステーションの創設

　ゲルハルト・クルーグさんは、「今日はここの歴史からお話をさ
せていただこうと思っています」と述べました。ステーションは、
1970 年に作られています。まだその頃は、高齢者も少ないし、外
国人移民もあまりいないときで、平和な時代でした。当時は病気に
なったら入院して手術をして、そして回復するまでかなり長く病院
に滞在して退院するという状況でした。しかし、時代とともに医療
関係の法律もどんどん変わりました。診断名が決まると入院日数が
決まり、そして早く退院させてしまう。そういった背景の中で、
人々の要求は違うところにあると言われ始めました。それに沿うよ
うに、1970 年には、この地でソーシャルステーションを始めたと
いう歴史があります。

　「ソーシャルステーションは必要ないのではないか」という意見
も当時たくさんありましたが、これから先のことを考えて、ク
ルーグさんたちは必要性を感じたことから始めました。果たして、時代とともにクルーグさん
たちのやり方が次第に成功を収めていきました。

　ステーションの近くには修道院があって、修道女がいます。創設時から活躍している 2 人の

写真 7-3　創設時から現在まで活躍する 2
　　　　人の修道女

修道女は現在 80 歳以上になりますが、今も活躍しているそうです（写真 7-3）。この 2 人は、約 12m^2 の小さな事務所からステーションを始めて、料理したものを自転車で必要な人のところに運んだり、ケアの必要な病人の部屋を訪問したりしました。そして当時から高齢者ばかりが集まってはいけないということで、時を移さず事務所の横に幼稚園を作って、高齢者と若い世代が一緒に生活するという構想があったそうです。

全員がボランティアで活動

　最初の時点ではお金がなかったので、2 人を含めて全員がボランティア活動でした。資金を集めるために古新聞や雑誌を集めたり、リサイクリングしてお金になるメタルを集めたりして財政を何とか立てていこうとしました。そのようにして活動していたところ、成功例がたくさんできてきて感謝する人が増えていきました。これがうまく機能していったので、すべての政党がステーションの活動に興味を示し、「やはりこの社会には、こういうソーシャルステーションが必要なんだ」ということで、財政面での援助も話し合うことになりました。

　最初の事務所は、現在のステーションから 250 m ほど離れたところにあったそうです。当時は、この近くに財政的に豊かな建築家が住んでいて、その方が「一緒にやりましょう」と言ってくれました。

　4 年後の 1974 年には、スタッフは最初の 2 人から 15 人になり、そして活動範囲もベルグアムライム[1] の地域だけではなく隣のトゥルーディング[2] という地域の人たちもカバーできるようになりました。その後 1980 年になると、各家庭を訪問するスタッフは 50人くらいに増えて、ミュンヘン市もステーションの活動に注目して、市から現在の事務所の部屋を安く借りることができました。

ミュンヘン市に約 30 カ所のセンター

　現在では、ミュンヘン市はこのような施設を約 30 カ所持っていて、そういったところはいわゆる家庭訪問サービスより、センターで高齢者が必要なスポーツや運動、コーラスなどを行う、みんなで集まってどこかへ遠足に行くといった活動をしています。

表7-1　ソーシャルステーション・ベルグアムライム・ウント・トゥルーディ
　　　　ィング非営利有限会社の主な取り組み

年	事項
1970年	ベルグアムライムにステーションを設立。スタッフは2人。
1974年	トゥルーディングにもステーションを設立。スタッフは15人。
1980年	スタッフは50人くらいになり、ミュンヘン市から事務所を借りる。
2010年	高齢者の住まいに必要なサービスを提供。

Datei:Karte der Stadtbezirke in München.png

図7-1　ミュンヘン（14区がベルグアムライム、15区がトゥルーディング）

　2010年頃から、高齢者が自分の生活に不安になったとき、高齢
者ばかりを集めた老人ホームで生活をするのではなく、自分が今ま
で住んでいた環境の中で、いわゆる後期高齢者の時期をそこで住め
るような工夫が必要ではないか、そして高齢者が必要なサービスを
提供すればよいのではないかと考えました。この点に関しては、マ
ネジャーのアレキサンダー・グラースさんから説明を受けました。

2.　ソーシャルステーションの活動

　マネジャーのアレキサンダー・グラース氏は、「私たちが、ここでどのような活動をしているかという内容をお話ししていきたいと思います」と述べました。

68人のスタッフが232人を援助

　ステーションには、現在、全員で68人のスタッフがいます。職種は看護師と介護士で、特に老人の介護ができる訓練を受けたスタッフで、地域の皆さんと一緒になって訪問看護をしています。援助が必要な人たちは232人、すべて在宅の人です。

　今回の介護保険改正でこれまでの3段階から介護度1から5までの5段階になり、現金給付と現物給付とのミックスになっています。在宅奉仕をしてくれるボランティアの人たちもいますが、人材的にはぎりぎりの状態です。

　その他にただアドバイスをするだけの人が30人います。ドイツでは、家族で介護が必要になると、そのほとんどをその家族の人たちがしますので、技術面あるいは財政面などについて、何らかのアドバイスをしてくれる人たちが必要だからです。

　グラースさんたちの哲学は、「患者さんたちとスタッフの目線を合わせて手と手をつなぎましょう」ということです。介護が必要な人が不安感を抱いたり心配したりすることもなく、自分の家で安定した生活をしていけるように必要な援助を提供します。それをグラースさんたちは「責務」と感じています。ですから援助が必要な患者さんとその家族が何を必要としているのかを中心に考えて、どうしたら両者を満足させられるのかということが大きい目標になります。そして、手と手をつなぎながら生活できる環境をつくっていこうと努めています。

ひとり住まいの人が50%

　バイエルン州の医療機関、薬局、医療器具・介護用品を売っている店や病院やリハビリセンター、ホスピス、あるいは保険会社、そして名誉職でボランティアとして医療関係の仕事をしている人たち

と市民とが一緒になって仕事を進めています。

　そして非常に強い介護のストレスを抱える家族に対して、そのストレスを取り除いて問題解決をしていくことが重要です。グラースさんたちが活動しているベルグアムライムとトゥルーディングという地域には、低所得の人が住んでいるアパートがたくさんあります。5年間以上ミュンヘン市民であればかなり安い家賃で住めるアパートです。その地域の中で、特に困っている人たちをケアしています。

　2つの地域にはひとり住まいの人が非常に多く、50％を占めます。昼食を大勢で食べるサービスを提供していますが、そこに住んでいる人たちだけではなく他の人も食べに来ることができます。午後3時のケーキとコーヒーのサービスもあります。その他にお互いに助け合っているアルツハイマーの人たちのグループもあります。

高齢者をいかに援助していくかが大きなテーマ

　高齢者の年齢がますます高くなっているので、その人たちをいかに援助していくかが大きなテーマです。介護が必要な人は、数年前には200万人くらいでしたが、現在は250万人くらいになっています。日本も同じですが、ドイツの戦後のベビーブームは、おびただしい数の男性が戦後シベリアの強制収容所からどんどん帰ってきたことから起こりました。そのベビーブームで生まれた人たちがあと10年から15年経つと、介護が必要な人たちになってくるのです。

　だから、ドイツ政府もできるだけ長い期間在宅介護を続けることが重要だと言っています。施設に入る期間を極力短くしようという政策が出されたので、グラースさんたちの仕事がたくさん増えました。介護事業所はどこもみんな忙しいという状況です。

　金の卵探しとでも言うのでしょうか。有能な介護人、看護師たちをいかに集めるかが重要です。介護職の需要が毎年6％〜7％増えているので、非常に大きい労働市場が介護にはあります。そこに目を付けた民間企業が、グラースさんたちの事業所の近くに5〜6社あるそうです。同業者との人材獲得競争も発生して、仕事の質が問題となってきています。そして賃金です。

東欧諸国の介護労働力

　ドイツに住む人は、子どもから大人まで介護保険に入らないといけません。介護保険で、今一番多く給付されるのが、1対1の会話のサービスに対してです。その人の人生を辿って、心の琴線に触れるようなメンタルケアができる専門家を介護サービス会社は必要としていて、そういう介護人に対して、介護保険はかなり高い給付（現金給付）をしてくれます。たとえば、今まではなかったのですが、認知症の人の身体とメンタルの問題を改善するために1週間に1時間会話をすることで、介護保険から給付があります。今まで認知症の人には給付はありませんでしたが、今回の改正で設けられるようになったからです。

　介護人が圧倒的に足りないため、ポーランド、チェコ、スロバキアやハンガリーといった東ヨーロッパの国々から労働力として人々が入国してきます。ドイツでは、最低賃金が1時間8ユーロ90セントと決まっていますが、もっと低い賃金で2カ月間住み込みをして働いてもらわないと成り立たない状況になっています。それに対して、政府は黙認、あるいはやむを得ないと考えています。

　一番給付がもらえるのは、介護度3から5までの認知症の人たちへのサービスなので、ステーションはその人たちにより多くのサービスを提供しようとしています。デイサービスも朝9時から夕方4時くらいまで利用できるので、夕方に家族がステーションに迎えにきます。1日デイサービスをお願いすれば、自分の家族を自宅で世話をしなくてもいいので、仕事も継続できるのです。

介護看護教育の変化

　介護職は、これまではデュアルシステム[3]の教育の中で、実践と実習を重ねて仕事をしました。給料もあまりよくありませんし、社会的ポジションもあまり評価されない職業、ただし失業はしない、そういう評価でした。これからは大学教育やアカデミー教育を受けてもらうために通信教育などを受講させて、教育レベルを高くして、専門職としていこうということになりました。

　かつて看護は、小児科看護、精神科看護、そして老人看護に最初から3つに分かれていました。最近ではどのコースを選択しても、

1、2年目は共通科目を勉強し、3年目に選択した専門のコースが学べるようにしています（看護教育のジェネラリスト化）。10年間の義務教育を終えた時点で職業を選び、実習先と教育機関が決まってきます。

　行政にも16州に必ず1カ所、医師会と同じように介護の専門協会をつくって、その業界をもっと強化していこうとしています。看護師はモバイルフォンを持ち歩いて、いつでも患者データを見られるように、そしてお互いデータ交換できるようにしています。

プライベート保険と社会サービス

　介護保険料率は2.55％ですが、子どもがいない人は2.8％と少し高く設定されています。ドイツの社会保険は4つの柱で構成されています。健康保険、介護保険、失業保険、そして老齢年金保険です。健康保険には、日本にはないプライベート保険があります。

　プライベート保険は、保険会社との契約内容によっても異なりますが、保険料が10万円とか15万円と高くなります。その代わり、いざというときにはすぐ診てもらえますし、教授や部長を指名することもできますし、良いサービスを受けることもできます。その他に休養地でのクアハウスの費用を払ってくれます。予防医学の費用も含まれるのでメリットがたくさんあります。

　保険料をあまり払っていない人、あるいは保険料さえ払えない人たちはサービスを受けられないのかとよく誤解されるのですが、もちろんスタンダードな医療は受けることができます。一人ひとりお金があるかないかをきちんと調べて、すべて平等というわけではありませんが、大きな不満が出ないよう、ある程度満足できるサービスを国民は受けることができます。

　他には、ミュンヘン市の社会福祉サービスがあります。昔は社会局と言っていました。その言葉のニュアンスは一般の人にとって、とにかくお役所に行って「世話になる」ということでした。しかし、ミュンヘン市では社会福祉サービスに「市民」という言葉を入れました。すると使うお金も市民の税金で賄っているわけですから、その人が必要とするお金であったりものであったり薬であったりは、人間が生活していけるだけの援助として、相談して選べるという、

身近で民主的なニュアンスになりました。

ソーシャルステーションの機能

　1つ目は、日常生活面での基礎的なことです。顔を洗って、歯を磨いてお風呂に入って、シャワーを浴びることや衣服の着脱を補助することです。

　2つ目は、投薬、手術後のケアをする、包帯交換、血圧を測るといった医療行為です。

　3つ目は、会話をする、認知症の人と話をするなどです。

　4つ目は、たとえば同居家族が仕事で1週間いない、用事で不在になる場合、家族の代わりにソーシャルステーションのスタッフが手助けを必要とする家でケアを行います。

　5つ目は、家の掃除や洗濯などの家事手伝いです。また介護人に、介護のテクニックについてアドバイスをして、首尾よく介護ができるようにします。

　ホームドクターからの指示のある投薬とか、車いすとか歩行補助器を使ってもらう、お風呂に入れる簡単な装置を使用したり、シャワーを簡単に浴びられるように援助することなども行います。

3.　ソーシャルステーションの運営

認知症の人がサービスを受けられるようになった

　介護保険の改革によって介護度が3段階から5段階になり、認知症の人への給付も行われるようになりました。介護度が3段階の時は「何ができないか」を重点にしていました。介護度が5段階になってからは、「何ができるか」を中心にみるようになりました。以前は介護保険の対象にならなかった人も今回の改革によって対象となりましたが、利用者数はトータルではあまり大きな変化はありませんでした。「介護保険の改革で介護度の認定が変わっても、利用者の介護度は変わっていないということなのか」と尋ねたところ、今回の改革での一番大きな変化は、介護度1の人が早い段階で介護が受けられるようになったということでした。改革前の介護保険では認知症の人はサービスを受けられなかったのですが、改革により

受けられるようになったのです。

　232 人のステーションの利用者の介護度をみると、介護度 5 が 3
〜 4％、介護度 4 が 20％くらい、介護度 3 が一番多くて 60％くらい、
残りが介護度 2 と介護度 1 の利用者です。そして介護度 1 の人は直
接介護援助が必要というわけではなく、家族から相談を受けたとき
にアドバイスしたりします。

患者さんと過ごす時間がようやくできた感じ

　今度の新しい介護保険の認定や仕組みについて、事業者として評
価しているか質問しました。「以前は身体的な問題だけをみていた
が、改革後は精神的な問題もみるようになった」とグラースさんは
答えてくれました。そして「以前は、認知症の人の精神的な状況に
より自分の身の回りのことができないことを評価されないことが問
題でした。その大きな問題が解決されたということです」と評価し
ました。

　介護保険の改革によって、「業務内容がこれから変化すると思わ
れますか」と聞くと、「一番の違いは患者さんのところで介護でき
る時間が増えることと、会話もできるようになって、それに対して
もきちんと給付されることだ」と評価していました。在宅要介護者
を訪問して、運ばれてきた昼食を温めて、会話をしながら食べさせ
てあげたりすることにも介護保険から給付されるようになったので、
患者さんと過ごす時間がようやくできた感じです。「以前はやるべ
き処置を次々とこなすだけの感じだったが、少し人間的にできるよ
うになった」とのことでした。

　事業所はグループホームを運営していますが、入所者のうち認知
症の人は 10 人から 12 人くらいとのことでした。作業場で働く女性
が認知症の人たちを担当をしていますが、もう少しグループを大き
くして認知症の人たちにかかわるスタッフを多くしようと考えてい
るそうです。

収入構成

　ステーションの全体の運営にかかる収入構成はどのようになって
いるのでしょうか。少し複雑ですが説明します。協会には年会費が

1 人当たり 36 ユーロの会員メンバーが、以前は 2,000 人くらいいま
した。介護保険ができたことでメンバーが減り、現在は 1,000 人く
らいです。しかし「自分たちのことは自分たちでやるべきだ」とい
う流れになって、最近になってまた増えてきました。その会員から
の収入が 1 つです。

　それからもう 1 つは、このステーションへの寄付金で、昔からそ
れがかなり集まるのです。ステーションが良いアドバイスを多くの
人に提供すれば、満足度が高くなり寄付金が多く払われるのです。
もちろん財政的に苦しい人にもきちんと情報の提供はしていますが、
彼らには請求はしません。しかし財政的に豊かな人からは、アドバ
イスをした情報提供料としての寄付金を払ってもらうようにしてい
ます。

　そして保険収入があります。全収入の割合は、介護金庫からが
50 〜 60％で、疾病金庫からが 20％くらい。そして 20％くらいが寄
付と会費ということになります。

介護はマーケットとして大きい

　事業所のスタッフ 68 人の職種の内訳は、100％専門職がいるとこ
ろもありますが、全体的には 70％くらいが専門職の看護師で、
30％がアシスタントの介護職です。

　この事業所では 1 人の利用者を他の事業者と共同で介護すること
があるのかと質問しました。介護は利用者と信頼関係ができた 1 つ
の事業所でするのが良いのですが、それが 2 カ所とか 3 カ所になる
と、当然いろいろな問題が起きてきます。事業者間で他の事業所を
追い出そうという問題も起きます。たとえば、私たちのステーショ
ンを追い出して、他のステーションが訪問しようとします。

　介護保険から報酬が支払われるということは、多くの人には非常
に大きな 1 つのマーケットとして捉えられます。するといろいろな
人が介入してお金を稼ぎたいと思うのです。ではいったい誰が責任
を持ってやるのでしょうか。マーケットとは見ないで、仕事の質と
か本当にいい人間関係をつくりたいという動きにもなってきます。
これまでドイツでは、6 つの福祉団体がゾチアルスタチオンを開設
してきましたが、介護保険ができてから民間企業が参入してきて競

争が激しくなるという問題も大きく影響します。

人材確保は口コミが一番

　人材確保が難しいということでしたが、ミュンヘンでは優秀な人材を確保するために、何か特別なことやっているのでしょうか。一番の強みは口コミだということでした。実際にこのステーションで働いているスタッフたちが、「一緒にいい仕事をやりましょう」とか、「やりがいがありますよ」とか、そういう説明を自分の周りの人たちにします。あるいは、この地域だけの新聞に、1週間に1回求人記事を出します。ホームページで公募活動をします。やはりインターネットのメディアは効果があるとのことでした。

　しかし、管理職の人たちが給料をたくさんもらうのではなく、実際に現場で働いている人たちにきちんと給料が支払われて、その人たちが生きがいを持って仕事をしていれば、「これは良い職場だな」「本当にやりがいがあるな」ということで、必ず良いメンバーが集まってきます。だからグラースさんは口コミが一番強いのだと説明しました。

8時間残業をすれば1日休む

　働く人の数が不足しているというところに利用者の登録がどんどん増えてくると、やはり訪問できる時間が限られてくると思われます。日本的な考え方かもしれませんが、時間外で何かしら活動を強いられるような事例もあるのでしょうか。

　もちろん残業代は支払われますが、1カ月を通して、たとえば8時間残業をすれば1日休んでもらい、その分の仕事は状況を見ながら調整します。

　その場合、昼間の時間帯以外に夜間の訪問はあるのか聞きました。時間的には、朝6時30分からと、14～15時くらいから夜の23時までの2交替になっているそうです。週39時間労働を基本としていて、週末や休日に働いた場合は、その次の週の普通の日を休みにするように調整します。

　日本の事業所では、24時間ケアを行う場合は、昼間の訪問の他に、必要な人には夜間も訪問します。ドイツではそういうケースは

あるのか聞くと、この協会では 24 時間働かせてはならず、最高 1 日 10 時間までです。6 時間働いたら 30 分休憩、9 時間働いたら昼は 45 分間休憩させなければいけません。

　24 時間を 1 人の人が働くのではなく、1 人の高齢者宅に交替で朝と昼も行き、夜も行くという 24 時間ケアをしている、そういう事例はありますかと改めて聞きました。介護度 5 くらいになると、3 〜 4％ の人は 1 日 3 回、4 回、5 回、朝早くから夜遅くまで、寝るまで介護訪問することがあるそうです。車いすが倒れて動けないときなど、オンコールの装置をだいたい手に着けるか首にぶら下げていてそれを押します。その装置は電話の横にあって話せるようになっています。日本と同じでした。

警察の介入

　自宅で亡くなったときには医師が来て死亡診断をするのか尋ねました。通例としては警察官とホームドクターに来てもらい、事故死かどうか、検死します。それは日頃からかかわっている高齢者の場合でもそうなのか聞くと、家で亡くなった場合でも警察も呼ぶとのことでした。日本では医師が往診すれば死亡診断書は書けるので、警察は介入しません。たとえば妻がいて夫が亡くなった場合、犯罪性が確実に一切ないと最初からわかれば警察を呼ばなくてもよいケースはあります。ただまったく 1 人で、あるいは誰か外部の者がいたとか、何が起きたかわからないときは日本でも警察を呼びます。

　「たとえば訪問看護師が何時間か前に見ていて、それから 1 時間から 2 時間後に亡くなりましたというときにも警察を呼ぶんですか」と聞くと、「はい、それでも警察を呼びます」との答えでした。

ゾチアルスタチオンの母体は非営利の有限会社

　「2,000 人の会員がいて、1,000 人の会員になったというこのアソシエーションは何のアソシエーションなのか、つまりこのゾチアルスタチオンの母体は何か」について聞きました。答えは「非営利の有限会社」ということでした。この Gemeinnützige GmbH（Gesellschaft mit beschränkter Haftung；GmbH、ゲゼルシャフト・ミット・ベシュレンクター・ハフトゥング、ゲーエムベーハー）[4]、

写真 7-4　ミュンヘン市営の住宅

ゲマインヌッツガ・ゲーエムベーハー（共同目的利用）となると、税金がものすごく安くなるそうです。「協同組合ですか」と聞くと「違います。ノンプロフィットということです」との答えでした。ただの有限会社であれば、利益追求でマネジャーが高給取りになります。

　この協会は、ゾチアルスタチオンだけを運営しているのではなく、他に老人サービスセンターともう1つのゾチアルスタチオンと住居（住宅）もあるとのことでした。コーヒーを飲んだり食事をしたりできるサロンもあります。つまり、ゾチアルスタチオンは2つあります。私たちが訪問した建物の上は住宅になっていました（**写真7-4**）。

　GmbH（ゲーエムベーハー）は25に区分されます。ベルグアムライム地域は14という番号で、トゥルーディング地域は15という番号をもらっています。つまり、14と15というエリアをこの協会は担当します。

ミュンヘン市とも密接な良い関係

　ミュンヘンの市営住宅は組合になっていて、かなり大きな住宅でした。何人住んでいるかは不明でしたが、「ともかく自分が住み慣れたところにできるだけ長く住んでいただきましょう」ということです。家賃も非常に安い市営住宅に住んでもらい、そして「必要なケアはゾチアルスタチオンが提供しましょう」ということです。最期は、自宅で亡くなるケースが増えてきていました。今後、新しい介護認定が始まると、利用者の数もどんどん増えていきます。政府は、予防医学でできるだけ健康寿命を長くして、できるだけ要介護にさせないようにする政策を取っています。

　ミュンヘン市保健福祉部とのかかわりがあるようだったので、「定期的な意見交換、情報交換や報告会はどのくらいの頻度でやっているか」聞いてみました。ミュンヘン市のやりたいことを、実際

にグラースさんたちのステーションが手足となって動いているので、密接な関係ができていました。「私たちがきちんとした良い仕事をすれば、お金がもらえます」との答えでした。

新教の人も旧教の人も人間的にやっていきましょう

　グラースさんたちのエリアでは、他の6つの民間団体が後からできて、介護にかかわる仕事をしていますが、そういう中にあってグラースさんたちのステーションは一番古く、他のところにも対応してプロジェクトなど参考例になったという実績があります。民間のカリタスも最初はグラースさんたちのところで学んでいたそうですが、カリタスはカトリックのドイツ最大の福祉機関なので、忙しくて仕方ないそうです。労働者福祉協会など含めて6つの団体の中で、最初の1970年からグラースさんたちのところでは「宗教に関係なく、新教の人も旧教の人も人間的にやっていきましょう」と言っていたそうです。ですから最初に、こういうことをやりたいと新教の修道院に話しかけました。その後、新教も旧教も入りましたし、現在もいい関係の中でやっているそうです。

4.　ステーション内の視察

　最後に、ステーション内の視察をしました。

　ベルグアムライムの住民たちが、とても多くの寄付をしてくれた記念に、その人たちの名前が書いてあるプレートが貼り出してありました（写真7-5）。「この人たちには感謝しています」とグラースさんは言いました。

　写真7-6は、900年前の尖塔の教会が残っている絵画です。写真の一番左の尖った建物が尖塔だと説明を受けました。

　ナースステーションには、看護師たちの事務用の机があったり（写真7-7）、ちょっとした会議ができるミーティングルームもありました（写真7-8）。そして、訪問用に自転車と車のキーが置かれ、そしてスマートフォンが充電されている部屋も案内されました（写真7-9）。

　写真7-10は、患者さんの自宅のキーがキーケースに収められて

写真 7-5　寄付してくれた人の名前が書いてある

写真 7-6　900 年前の尖塔の教会が残っている絵画

写真 7-7　ナースステーション

写真 7-8　ミーティングルーム

写真 7-9　自転車と車のキー、そしてスマートフォン

写真 7-10　万一の時に開けられるように患者さんの自宅のキー

　　いる様子です。万一の時に開けられるように、患者さんは自宅の
　キーをステーションに預けています。
　　キッチンがあり、看護師の休憩室があり、ユニフォームに着替え
　るためのロッカールームがあって、全体的に広くて余裕があって、
　とても良い事務所でした。

注

1) 1996 年以来、ベルグアムライムは、クンストパークオストとその後継者であるクルトファブリック（ミュンヘンオストバーンホフ近くの大規模なパーティーエリアに改装された）により、ほぼ 20 年間ミュンヘンのナイトライフの中心でした。国際的に知られているナイトライフ地区には 30 以上のクラブがあり、特にミュンヘン周辺の大都市圏の若者や居住者に人気がありました。ナイトライフ会場の他に、このエリアには多くのアトリエや工芸品企業もありました。

2) Trudering-Riem は、バイエルン州ミュンヘンの 15 番目の区で、Trudering と Riem の地区で構成されています。このエリアは、ミュンヘンの古い空港であるリーム空港の以前の場所です。

3) デュアルシステム（Dual system、Dual apprenticeship systems）は、ドイツを発祥とする学術的教育と職業教育を同時に進めるシステムのことです。

4) Non-profit GmbH（gGmbH）は、ドイツの税法における有限責任会社であり、その収益は非営利目的で使用されます。gGmbH の法的形式は、多くの場合、ビジネスを行いたい非営利企業（幼稚園や社会病棟など）に選択されますが、登録団体の法的形式では難しい場合があります。さらに、企業としての gGmbH は、会員制の協会よりも高い柔軟性を実現しています。gGmbH は、その規約と実際の管理が公益事業に関する法律の要件を満たしていることを条件に、特定の税金の全部または一部を免除されています。gGmbH の利益は、非営利目的に使用する必要があり、原則として株主に分配することはできません。利益の分配は、株主自身が非営利である場合のみ例外的に許可されます。

文献・資料

Datei:Karte der Stadtbezirke in München.png（https://de.wikipedia.org/wiki/Datei:Karte_der_Stadtbezirke_in_M%C3%BCnchen.png）.

Sozialstation Berg am Laim und Trudering gemeinnützige GmbH（https://www.wohnen-im-alter.de/zuhause/pflegedienst/muenchen/sozialstation-berg-am-laim-und-trudering-gemeinnuetzige-gmbh-33600）.

あとがき

　本書のもとになった2つの調査は、非営利・協同総合研究所いのちとくらしの2012年の視察調査と2017年のフランクフルトとミュンヘンの介護保険・認知症ケア・在宅ホスピスの調査です。視察調査については、序章で概要を紹介しましたので繰り返しませんが、私にとってドイツ調査は2005年から続けている定点調査です。私は南ドイツしか行ったことはなく、ドイツの他の地方では調査をしたことはありません。おかげで、南ドイツの街々はほとんど訪問したり通過したりといった具合に、何とか踏査することができたと思います。

　2005年のドイツ調査は、デンマーク・コペンハーゲン、ドイツ・ミュンヘン、フランス・パリの在宅ケア調査によるものでした。この調査結果は「在宅ケアの限界点をいかに高めるか――欧州の地域ケア調査からの示唆――」として、『高齢者医療と介護看護：住まいと地域ケア』（2016年）の第8章にまとめました。

　そして2012年の調査は、すでに『ドイツのエネルギー協同組合』（2015年）として、再生可能エネルギーと環境に配慮したまちづくりについてまとめてあります。本書の第1章・第2章は、そのときに収めきれなかったドイツの介護保険と介護施設についてまとめたものです。

　さらに2017年の調査は、雑誌に発表したものを、2012年調査の続きとして編集して、本書の第3章から第7章として今回まとめました。私は、介護強化法はドイツの介護保険改革において大変大きな改革と認識しております。それだけに、今回の論考や現地報告はできる限り早く出版したかったのですが、2023年までかかってしまったことは少し残念な気持ちです。2021年6月には雑誌での掲載が終了して、すぐに出版できるよう準備していたのですが、かないませんでした。

　本書の上梓が遅れた理由は、私が日本文化厚生連を退職した2020年5月30日に遡ります。私は子会社の代表取締役に就任するために、満期1カ月前に退職しました。そして、翌2021年4月には、

立教大学ビジネススクール（大学院ビジネスデザイン研究科博士課程前期課程）に入学します。理由は、1998年から2001年までの子会社出向と2001年から2004年までの日本文化厚生連での医療・福祉施設開設準備（特命事項）を担当したときの経営学の知識を、より専門性の高いものへとブラッシュアップするため、学び直す必要があったからです。つまり、およそ20年前の経営学の知識で会社経営を行うのは難しいと考えたことが2つ目の修士号に経営管理学を選んだ理由でした。20年前の知識や経験が役に立たないわけではありませんが、新しい知識を習得することは必要不可欠と思われたのです。したがって、雑誌掲載が終了して原稿がほとんどできていたにもかかわらず、出版社入稿がかなわなかったのは、大学院で学び直すためでした。

このような事情から本書の出版が遅れてしまいましたが、やっとまとめることができて、今はほっとしているところです。

本書が完成するまでに多くの人の力をお借りしました。2012年の視察調査を計画してくださいました非営利・協同総合研究所いのちとくらし理事長の中川雄一郎先生（明治大学名誉教授）にお礼申し上げます。そして、研究員の石塚秀雄先生と事務局長の竹野ユキコさんに感謝いたします。

2つ目の2017年調査を企画・実行してくださいました山崎摩耶先生にお礼申し上げます。そして現地でのガイドと帰国後もいろいろ示唆をいただきました吉田恵子さんに感謝いたします。

初出一覧をみるとわかるように、本書の大部分は『文化連情報』誌への掲載です。掲載いただきました日本文化厚生連と文化連情報編集部にお礼申し上げます。

最後に、『イギリスの社会的企業と地域再生』『コロナ危機と介護経営』に続く本書も、同時代社から出版されましたことに、川上隆社長にお礼申し上げます。

著　者

初出一覧

序　章　本書の目的と調査の概要
　書き下ろし

第Ⅰ部　2008・2012 年改革と介護施設

第1章　ドイツの介護保険改革
　（原題）「ドイツの医療と介護──医療保険制度と介護保険改革を中心とし
　て──」福祉の協同を考える研究会『福祉の協同研究』第6号、2014 年 3
　月、pp.16-53。（「Ⅱ　ドイツの介護保険改革」（pp.34-46）の部分のみ。）

第2章　ドイツの高齢者介護施設（2012 年視察調査）
　1.　高齢者介護福祉施設
　　── METZGER-GUTJAHR-STIFTUNG e.V. ──
　　（原題）「ドイツ・エメンディンゲンの高齢者介護福祉施設」『文化連情報』
　　No. 431、2014 年 2 月、pp.52-55。
　2.　AWO シニアホーム
　　── "Herzlich Willkommen"im AWO Seniorenheim Königsbrunn Bezirksver-
　　band Schwaben e.V.
　　（原題）「ドイツ・ケーニッヒスブルンの AWO シニアホーム」『文化連情
　　報』No. 433、2014 年 4 月、pp.56-59。
　3.　2012 年調査からの示唆
　　──ケーニッヒスブルンの AWO 高齢者施設の視察調査を中心に──
　　（原題）「ドイツの医療と介護──医療保険制度と介護保険改革を中心とし
　　て──」福祉の協同を考える研究会『福祉の協同研究』第6号、2014 年 3
　　月、pp.16-53。（「ケーニッヒスブルンの AWO 高齢者施設の視察の質疑応
　　答」（pp.46-52）の部分のみ。）

第Ⅱ部　介護強化法（2015 ～ 2017 年）と現場の実践

第3章　ドイツの介護強化法
　1.　社会環境の変化と給付範囲
　　（原題）「ドイツの介護保険制度（1）社会環境の変化と給付範囲」『文化連
　　情報』No. 499、2019 年 10 月、pp.60-65。
　2.　給付額と財源
　　（原題）「ドイツの介護保険制度（2）給付額と財源」『文化連情報』No. 500、
　　2019 年 11 月、pp.70-73。
　3.　ケースマネジメント
　　（原題）「ドイツの介護保険制度（3）ケースマネジメント」『文化連情報』
　　No. 501、2019 年 12 月、pp.70-73。
　4.　日本への示唆
　　（原題）「ドイツの介護保険制度（4）日本への示唆」『文化連情報』No. 502、

2020年1月、pp.74-78。

第4章　アルツハイマー協会リュッセルスハイム支部
1.　組織の概要
（原題）「ドイツの介護保険制度（5）アルツハイマー協会リュッセルスハイム支部（1）　組織の概要」『文化連情報』№503、2020年2月、pp.72-75。
2.　協会の歴史と活動
（原題）「ドイツの介護保険制度（6）アルツハイマー協会リュッセルスハイム支部（2）　協会の歴史と活動」『文化連情報』№504、2020年3月、pp.72-77。
3.　ボランティア活動
（原題）「ドイツの介護保険制度（7）アルツハイマー協会リュッセルスハイム支部（3）　ボランティア活動」『文化連情報』№505、2020年4月、pp.82-86。
4.　補足と日本への示唆
（原題）「ドイツの介護保険制度（8）アルツハイマー協会リュッセルスハイム支部（4）　補足と日本への示唆」『文化連情報』№506、2020年5月、pp.70-75。

第5章　ディアコニースタチオン・フランクフルト・アム・マイン
1.　教会の歴史と在宅介護
（原題）「ドイツの介護保険制度（9）ディアコニースタチオン・フランクフルト・アム・マイン（1）教会の歴史と在宅介護」『文化連情報』№507、2020年6月、pp.68-72。
2.　活動の重点
（原題）「ドイツの介護保険制度（10）ディアコニースタチオン・フランクフルト・アム・マイン（2）活動の重点」『文化連情報』№508、2020年7月、pp.84-87。
3.　介護改革
（原題）「ドイツの介護保険制度（11）ディアコニースタチオン・フランクフルト・アム・マイン（3）介護改革」『文化連情報』№509、2020年8月、pp.74-78。
4.　介護改革の評価
（原題）「ドイツの介護保険制度（12）ディアコニースタチオン・フランクフルト・アム・マイン（4）介護改革の評価」『文化連情報』№510、2020年9月、pp.88-90。

第6章　フーフェラント高齢者総合施設
1.　フーフェラントハウスの概要
（原題）「ドイツの介護保険制度（13）フーフェラント高齢者総合施設①フーフェラントハウスの概要」『文化連情報』№511、2020年10月、pp.82-85。
2.　歴史とケア

（原題）「ドイツの介護保険制度（14）フーフェラント高齢者総合施設②歴史とケア」『文化連情報』No.512、2020年11月、pp.62-66。

3. 理念とサービス提供
（原題）「ドイツの介護保険制度（15）フーフェラント高齢者総合施設③理念とサービス提供」『文化連情報』No.513、2020年12月、pp.76-81。

4. 高齢者は何を望みどう支援するか
（原題）「ドイツの介護保険制度（16）フーフェラント高齢者総合施設④高齢者は何を望みどう支援するか」『文化連情報』No.515、2021年2月、pp.78-82。

5. 施設内の視察
（原題）「ドイツの介護保険制度（17）フーフェラント高齢者総合施設⑤施設内の視察」『文化連情報』No.516、2021年3月、pp.90-93。

第7章　ソーシャルステーション・ベルグアムライム・ウント・トゥルーディング非営利有限会社

1. ソーシャルステーションの創設
（原題）「ドイツの介護保険制度（18）ソーシャルステーション・ベルグアムライム・ウント・トゥルーディング非営利有限会社①ソーシャルステーションの創設」『文化連情報』No.517、2021年4月、pp.92-94。

2. ソーシャルステーションの活動
（原題）「ドイツの介護保険制度（19）ソーシャルステーション・ベルグアムライム・ウント・トゥルーディング非営利有限会社②ソーシャルステーションの活動」『文化連情報』No.518、2021年5月、pp.84-87。

3. ソーシャルステーションの運営
（原題）「ドイツの介護保険制度（20）ソーシャルステーション・ベルグアムライム・ウント・トゥルーディング非営利有限会社③ソーシャルステーションの運営」『文化連情報』No.519、2021年6月、pp.66-70。

4. ステーション内の視察
書き下ろし

事項索引

人名索引

著者業績

《単著》

『地域と高齢者医療福祉』日本博士論文登録機構、雄松堂出版、2008年8月。

『地域と高齢者の医療福祉』御茶の水書房、2009年1月。

『医療機能分化と連携──地域と病院と医療連携』御茶の水書房、2013年4月。

『「論文を書く」ということ──憂鬱な知的作業のすすめ』御茶の水書房、2014年8月。

『ドイツのエネルギー協同組合』同時代社、2015年4月。

『イタリアの社会的協同組合』同時代社、2015年10月。

『高齢者医療と介護看護──住まいと地域ケア』御茶の水書房、2016年6月。

『イギリスの認知症国家戦略』同時代社、2017年1月。

『フランスの医療福祉改革』日本評論社、2019年4月。

『イギリスの医療制度改革─患者・市民の医療への参画』同時代社、2019年10月。

『公害病認定高齢者とコンビナート──倉敷市水島の環境再生』御茶の水書房、2020年6月。

『イギリスの社会的企業と地域再生』同時代社、2020年9月。

『協同組合と情報──編集者12年の軌跡』同時代社、2021年1月。

『コロナ危機と介護経営』同時代社、2021年5月。

《共著》

法政大学大原社会問題研究所編『社会労働大事典』旬報社、2011年2月。

平岡公一ほか監修・須田木綿子ほか編『研究道──学的探求の道案内』東信堂、2013年4月。

油井文江編『ダイバーシティ経営処方箋── 一からわかるダイバーシティ 男・女・高齢者・障がい者・外国人 多様性を力に』全国労働基準関係団体連合会、2014年1月。

法政大学大原社会問題研究所・相田利雄編『大原社会問題研究所叢書：サステイナブルな地域と経済の構想──岡山県倉敷市を中心に』御茶の水書房、2016年2月。

高橋巌編『地域を支える農協──協同のセーフティネットを創る』コモンズ、2017年12月（日本協同組合学会賞　学術賞（共同研究）、2020年8月受賞）。

日本文化厚生農業協同組合連合会編『日本文化厚生連七十年史』2018年9月。

《論文》
「医療計画と地域政策」日本地域政策学会『日本地域政策研究』第4号、2006年3月。
「急性期入院加算取得病院と地域特性調査による医療連携の分析——厚生連病院所在の第二次医療圏を対象とした遠隔医療導入の可能性」日本遠隔医療学会『日本遠隔医療学会雑誌』第2巻第2号、2006年9月。
「中山間地域の高齢者と在宅ケアについての研究」日本地域政策学会『日本地域政策研究』第6号、2008年3月。
「病院勤務医師不足の現状と対応についての研究——公的病院のアンケート分析から」日本医療福祉学会『医療福祉研究』第2号、2008年7月。
「過疎山村限界集落の高齢者と地域福祉に関する研究」日本地域政策学会『日本地域政策研究』第7号、2009年3月。
「有料老人ホームが終のすみかとなる可能性——東京都内ホームの経済的入居条件と保健医療の考察」日本保健医療学会『保健医療研究』第1号、2009年3月。
「高齢者の住まいと医療福祉に関する研究——有料老人ホームの制度等の変遷と経済的入居条件の考察」日本医療福祉学会『医療福祉研究』第3号、2009年6月。
「高齢者介護の地域格差に関する研究——首都圏・中部地方・大都市の介護力指数の比較」日本保健医療学会『保健医療研究』第2号、2010年2月。
「小規模・高齢化集落の高齢者と地域福祉」福祉社会学会『福祉社会学研究』第8号、2011年5月。
「地域福祉は住民のもの——協同組合・非営利組織の視点から」日本地域福祉学会『日本の地域福祉』第31巻、2018年3月。
「イノベーションが企業業績に及ぼす影響に関する研究——内資系大手製薬企業を対象として」立教大学大学院ビジネスデザイン研究科修士論文、2023年3月。
ほか多数。

著者紹介

小 磯 明（こいそ あきら）

1960 年生まれ
2008 年 3 月　法政大学大学院政策科学研究科博士後期課程修了
2023 年 3 月　立教大学大学院ビジネスデザイン研究科博士課程前期課
程修了
政策科学修士・政策科学博士（法政大学）、経営管理学修士（立教大学）、
専門社会調査士（社会調査協会）

《現在》
株式会社カインズ代表取締役社長
法政大学現代福祉学部兼任講師（医療政策論、関係行政論）
法政大学大学院政策科学研究所特任研究員
法政大学地域研究センター客員研究員
法政大学大原社会問題研究所嘱託研究員
非営利・協同総合研究所いのちとくらし理事
公益財団法人政治経済研究所研究員

《受賞歴》
2020 年 8 月、日本協同組合学会賞学術賞（共同研究）受賞

ドイツの介護保険改革

2023 年 6 月 5 日　　初版第 1 刷発行

著　者	小磯　明
発行者	川上　隆
発行所	株式会社同時代社
	〒 101-0065　東京都千代田区西神田 2-7-6
	電話 03(3261)3149　FAX 03(3261)3237
組　版	有限会社閏月社
装　幀	クリエイティブ・コンセプト
印　刷	中央精版印刷株式会社

ISBN978-4-88683-946-6

同時代社◎小磯 明の本

イギリスの医療制度改革

2019年10月　A5・160ページ　定価：本体1,800円＋税

患者・市民の医療への参画――。ＥＵ離脱で揺れるイギリス、その医療現場を歩く。イギリス型のＮＨＳ（国民保健サービス）病院とＧＰ（一般家庭医）診療所とのかかわり、日本の医療制度との違いなどについて実例を挙げながら報告する。

イギリスの認知症国家戦略

2017年1月　A5・344ページ　定価：本体2,700円＋税

イギリスの高齢者福祉と認知症政策、その実践を紹介。
日本の地域社会が、認知症の人への担い手となるために何が必要か？

イタリアの社会的協同組合

2015年10月　A5・208ページ　定価：本体2,000円＋税

高齢者介護、障害者作業所と就労支援職業訓練、知的障害者への支援など、社会的に排除された人たち・社会的弱者への社会福祉サービスを担う地域コミュニティの中で活動するイタリアの社会的協同組合。日本の社会保障制度となにが違うのか。最新の取り組みをみる。

ドイツのエネルギー協同組合

2015年4月　A5・200ページ　定価本体2,000円＋税

原発に頼らない、再生可能エネルギーが急拡大するドイツ。フライブルクのヴォーバン地区のような環境とエネルギーの統合政策、ヴァイスヴァイル・シェーナウにおける原発反対運動や電力配電網買取――、エネルギー生産事業を担う「協同組合」の取り組みから学ぶべきこと。